ALBRECHT MÜLLER

Glaube wenig
Hinterfrage alles
Denke selbst

Wie man Manipulationen durchschaut

WESTEND

Für Anette

Leserinnen und Leser der NachDenkSeiten haben zu diesem
Buch ungemein viel beigetragen. Sie berichten täglich von ihren
Medienbeobachtungen, von guten Artikeln und informativen Fernseh-
und Hörfunksendungen, aber auch von üblen Manipulationsversuchen.
Mit den »Hinweisen des Tages« werden diese Beobachtungen allen
NachDenkSeiten-Nutzern zugänglich gemacht. Darüber hinaus sind
die Lesermails eine Fundgrube voller Anregungen für ein Buch wie
dieses. Deshalb bedanke ich mich ausdrücklich bei Ihnen, den Freunden
von www.nachdenkseiten.de. Die Anregung zu diesem Buch kam vom
Verleger des Westend Verlags, Markus J. Karsten. Ich danke ihm und allen
im Verlag – besonders der Lektorin Viviane Richarz für die unkomplizierte
und kreative Zusammenarbeit.

Mehr über unsere Autoren und Bücher:
www.westendverlag.de

Die Deutsche Nationalbibliothek verzeichnet diese Publikation in der
Deutschen Nationalbibliografie; detaillierte bibliografische Daten sind im
Internet über http://dnb.d-nb.de abrufbar.

3. Auflage 2019
ISBN: 978-3-86489-218-9
© Westend Verlag GmbH, Frankfurt/Main 2019
Umschlaggestaltung: www.pleasantnet.de
Satz: Publikations Atelier, Dreieich
Druck und Bindung: CPI – Clausen & Bosse, Leck
Printed in Germany

Inhalt

I. Einführung   7

II. Das Umfeld, in dem wir versuchen, die Freiheit
unserer Gedanken zu erkämpfen und zu erhalten   12

III. Methoden der Manipulation   21
   1. Sprachregelung   22
   2. Manipulation mithilfe von ständig gebrauchten
und mit einer Bewertung versehenen Begriffen   24
   3. Geschichten verkürzt erzählen   25
   4. Verschweigen   29
   5. Wiederholen – Steter Tropfen höhlt den Stein   34
   6. Übertreiben – Es wird schon etwas hängen bleiben   36
   7. Die gleiche Botschaft aus verschiedenen Ecken
aussenden   38
   8. Alle in der Runde sind der gleichen Meinung.
Dann muss es ja richtig sein.   40
   9. Der Wippschaukeleffekt   42
  10. Umfragen nutzen, um Meinung zu machen   46
  11. B sagen und A meinen   48
  12. NGOs gründen oder benutzen   50
  13. Ein Sammelsurium von Andeutungen macht in
der Summe die Halbwahrheiten zur Wahrheit   51
  14. Experten helfen – zu manipulieren   53
  15. Namen verknüpfen und damit Einzelne bewerten   55
  16. Gezielter Einsatz von Emotionen   59
  17. Konflikte nutzen und inszenieren, um Meinung
zu machen   61

IV. Fälle von Meinungsmache und die dahintersteckenden Strategien   63
   1. Wir sind das Volk. Wir sind ein Volk.   64

2. Der demographische Wandel und der angebliche Zwang zur staatlich geförderten privaten Vorsorge 69

3. Von der Finanzkrise zur Staatsschuldenkrise – ein Meisterstück der Umdeutung und Umbenennung 75

4. Wir sind Exportweltmeister 78

5. Von »Nie wieder Krieg« zum Kalten Krieg 81

6. Von der Friedenspolitik zur neuen Konfrontation in Europa 83

7. Von Reformen zu »Reformen« 93

8. Solidarität und Mitfühlen oder »Jeder ist seines Glückes Schmied« 97

9. Keynes is out. Konjunkturprogramme bringen nichts außer Schulden 100

10. Vorbereitung und Begleitung der Agenda 2010 105

11. Die Auflösung der Deutschland AG und die verschwiegene Steuerbefreiung für Veräuße-rungsgewinne der großen Vermögen 118

12. Die Sozialdemokratisierung der Union – ein Meisterstück an Irreführung 120

13. Der gemeinsame Nenner von etablierten Medien und Politik: Gedankenlosigkeit 123

14. Die Mär von der New Economy und die Blase am Neuen Markt 125

15. Von der Diffamierung der Pleite-Griechen zu den offenen Armen der deutschen Bundeskanzlerin 128

16. Wie Spitzenkandidaten rauf- und runter-geschrieben werden 129

V. Zum Augen öffnen gehören mindestens zwei – das ist produktiv und macht mehr Spaß 133

Anmerkungen 138

I.
Einführung

»Die Gedanken sind frei« – das ist ein wunderbares Lied. Aber im Text stecken einige Illusionen. Eine davon gleich in der zweiten Zeile: »Wer kann sie erraten«; und weiter: »Kein Mensch kann sie wissen«. Leider können andere Menschen und Einrichtungen und die Geheimdienste durchaus erraten und erforschen, was wir denken. Und noch schlimmer: Es wird versucht, darauf Einfluss zu nehmen, was wir denken. Zu diesem Zweck wird geforscht, getestet und in der Praxis immer wieder und erfolgreich ausprobiert. Das Ergebnis: Unsere Gedanken sind nicht frei, sie sind manipulierbar.

Trotzdem bleiben wir bei der Grundidee: Die Gedanken sind frei. Wir müssen allerdings etwas tun, um Herr unserer Gedanken zu bleiben. Deshalb dieses Buch. Es lohnt, darüber nachzudenken, was helfen könnte, sich weiterhin und trotz aller Anfechtungen eigene Gedanken zu machen und nicht abhängig zu werden.

Es gibt eine politische Dimension der Gedankenfreiheit beziehungsweise -unfreiheit: Wenn sich eine große Mehrheit keine eigenen Gedanken mehr macht, dann ist die öffentliche Meinung steuerbar und mit ihr sind auch die davon abgeleiteten politischen Entscheidungen steuerbar. Dabei gewinnen jene, die das Steuer für die Meinungsmache in der Hand halten. Sich ihr entgegen stellen ist die politische Dimension des Anspruchs, selber zu denken. Sie ist groß.

Keine der großen Entscheidungen der letzten Jahre und Jahrzehnte ist ohne den Einfluss massiver Propaganda gefallen. Zum Beispiel: die Art der Vereinigung beider Teile Deutschlands, die Agenda 2010 und die Riester-Rente, die Sparpolitik und die Verlotterung der Infrastruktur, die Verschleuderung des sozialen Wohnungsbaus und anderer öffentlicher Unternehmen, die neue Konfrontation mit Russland und der dafür betriebene Feindbildaufbau, Aufrüstung statt der versprochenen Abrüstung, die Beteiligung Deutschlands an militärischen Interventionen – immer wieder war die Propaganda entscheidend und hat auch bestimmt, was und wie etwas geschieht. Deshalb kann man von einer lebendigen Demokratie eigentlich nicht sprechen. Sie ist am Ende, wenn nicht der sogenannte Souverän, sondern die Meinungsmacher bestimmen, wo es langgeht.

Dieses Buch geschrieben habe ich nicht nur wegen dieser politischen Seite der Gedankenfreiheit beziehungsweise der Gedankenunfreiheit. Es gibt auch eine private, den Umgang mit anderen Menschen betreffende Seite: Es tut einem selbst und dem Zusammenleben gut, wenn man auf möglichst viele Menschen trifft, die ihren Kopf immer wieder aufräumen und von äußeren Einflüssen befreien. Das tut gut, weil wohl wir alle ungern mit anderen Menschen zusammenleben und uns austauschen, wenn dieser Gedankenaustausch allzu oft damit enden muss, dass man die Nase rümpft, dass man denkt, »O Gott, was sind die vollgepackt mit Vorurteilen und Denkfehlern«. Der Umgang mit unfreien Menschen macht keinen Spaß.

Das Thema Manipulation in Kombination mit der Frage, wie wir frei davon bleiben und zu guten politischen Entscheidungen kommen, beschäftigt mich zeitlebens. Als junger Erwachsener habe ich zum ersten Mal einen Vortrag zum Thema gehalten. Damals, 1966, ging es um die Frage, wie schon die Sprache beim Manipulieren hilft. Sie ist voller Vorurteile, die mit ihrem Gebrauch weitergegeben werden. Wenn wir zum Beispiel von Wachstum sprechen und von Exportüberschüssen – wie das besonders gern Bundeskanzlerin Merkel getan hat –, dann ist in diesen Begriffen schon eine Wertung enthalten. Und diese Wertung geben wir weiter, wenn wir diese Begriffe nutzen, ohne uns dessen bewusst zu sein. Das ist das besonders Perfide.

Wenig später war ich dann als Redenschreiber des damaligen Bundeswirtschaftsministers Karl Schiller, der selbst ein großer Redner und Meister der Meinungsbeeinflussung mithilfe der Sprache war, daran beteiligt, Strategien zu entwickeln, wie man andere Menschen überzeugen kann. Ab 1969 war ich immer wieder an Wahlkämpfen beteiligt und für einige verantwortlich. In dieser Funktion ist man ständig damit beschäftigt, die Zugriffe des Konkurrenten auf die Freiheit des Denkens der Bürgerinnen und Bürger abzuwehren und sich eigene Strategien der Beeinflussung auszudenken.

Der Kampf um die Meinungen wird mit harten Bandagen geführt. Im Oktober 2000 beispielsweise hat ein großer Industrieverband, die Arbeitgeber der Metall- und Elektroindustrie, für die nächsten fünf Jahre 100 Millionen D-Mark für die Organisation Initiative Neue Soziale Marktwirtschaft bereitgestellt, damit diese Organisation neoliberale Glaubenssätze verbreite. Diese INSM war und ist sehr erfolgreich. Für mich war das damals der zündende Funke für das Projekt NachDenkSeiten. www.nachdenkseiten.de hat als Parole, was auch die Unterzeile des Titels dieses Buches sein könnte: Für alle, die sich noch eigene Gedanken machen.

In diesem Buch ist für jene Menschen, die sich noch eigene Gedanken machen wollen, niedergeschrieben, was hilft, sich die Gedankenfreiheit zu bewahren und Meinungsmache zu durchschauen:

Man sollte die Methoden der Manipulation studieren.

Man sollte möglichst viele Fälle versuchter und gelungener Meinungsmache und die dahintersteckenden Strategien kennenlernen. Ich greife zu diesem Zweck auf aktuelle und vergangene Fälle zurück. Dieses Kapitel mit seinen vielen beispielhaften großen und kleinen Manipulationen ist damit auch historisch interessant. Es kommt ein Blickwinkel zur Sprache, der normalerweise weder in Texten der zeitgenössischen Journalisten noch in jenen der Historiker vorkommt.

Man sollte sich die Personen, vor allem in den Medien, merken, von denen wir mit markanten Täuschungen versorgt werden.

Es hilft, wenn man sich mit anderen zusammentut, also sich mit anderen Menschen über das Phänomen Meinungsmache und Manipulation austauscht. Viele Augen sehen mehr als zwei.

Ich gebe zu, dass ich Sie gerne davon überzeugen würde, sich das Selberdenken zu erhalten und dafür auch ein bisschen etwas zu investieren. Nicht viel. Aufmerksamkeit und die Kenntnis der Tricks der Meinungsbeeinflussung reichen. Wenn viele diesen kleinen Aufwand leisten, wird es viele und immer mehr Menschen geben, deren Gedanken wirklich frei sind. Dann haben wir alle die Chance, immer wieder auf Gleichgesinnte zu treffen. Das Ziel ist, ein großes, breites Milieu zu schaffen, in dem Aufklärung – und damit auch wir alle – zu Hause und gut aufgehoben ist.

Ob das in der verrückten Welt, in der wir leben, noch möglich ist? Das wird ein Stück weit auch von Ihnen und Ihrer Kraft als Lautsprecher der Vernunft und Aufklärung abhängen.

Zum Schluss dieser Einführung noch eine Anmerkung für jene Leserinnen und Leser, die in der DDR aufgewachsen sind: Ein größerer Teil der Fälle von Meinungsmache, die hier beschrieben und analysiert werden, spielen im Westen. Das folgt aus der Herkunft des Autors. Aber Sie werden sehen, dass das Geschehen auch für Sie nicht fremd ist und die Titelbotschaft sowieso nicht: Glaube wenig. Hinterfrage alles. Denke selbst.

II.
Das Umfeld, in dem wir versuchen, die Freiheit unserer Gedanken zu erkämpfen und zu erhalten

Wer sich die Fähigkeit zum Selbstdenken erhalten will, muss einiges wissen und beachten. Veränderungen im Bereich der Medien zum Beispiel:

Sich von fremden Einflüssen freizuhalten, ist heute ein bisschen einfacher und deutlich schwieriger zugleich. Einfacher, weil es möglich ist, sich schnell über das Internet zu informieren und mit seiner Hilfe zu recherchieren. Das stimmt für viele Bereiche unseres Lebens. Allerdings ist im Netz nur zu finden, was dort auch eingestellt wurde und erhalten bleibt.

Mit den Mitteln des Internets ist es möglich, jenseits der herkömmlichen Medien, also der Zeitungen, des Fernsehens und des Hörfunks spürbar aufzuklären. Ich tue das selbst zusammen mit meinen Kollegen seit 2003 mithilfe des kritischen Internetportals NachDenkSeiten. Auch andere Webseiten kritischer Art haben sich in den letzten Jahren etabliert.

Influencer
Im Mai 2019 ist schlagartig und für einen breiteren Kreis von Interessierten sichtbar geworden, dass man mit kritischen und durch Fakten gestützten Analysen im Netz Millionen von Menschen erreichen kann. Das hat der YouTuber Rezo mit seinem Video »Die Zerstörung der CDU« bewiesen. Das Video hat – Stand 10. August 2019 – 15,7 Millionen Aufrufe. Wahrscheinlich werden derartige Versuche der Einflussnahme auf

die Meinungsbildung und Willensbildung zunehmen. Der demonstrierte Einfluss von Rezo war so beeindruckend, dass »Anschlusstäter« mit hoher Wahrscheinlichkeit ähnliches versuchen werden. Das ist, anders als die CDU-Vorsitzende Annegret Kramp-Karrenbauer meinte, durchaus legitim – so legitim übrigens wie die gesamte Branche der Influencer, die bei dieser Gelegenheit für eine große Zahl von Menschen überhaupt erst sichtbar geworden ist.

Wer sich den kritischen Verstand erhalten will, muss sich darüber informieren, was Influencer tun und können und für wen sie arbeiten.[1]

Sympathisch ist, dass die in diesem Bereich tätigen, meist jungen Menschen nicht verbergen, dass sie Einfluss nehmen wollen auf das Denken anderer. Man könnte einwenden, das sei erstaunlich, aber auch nichts Neues. Jede Werbeagentur und Public-Relations-Agentur gibt ja schon offen zu, dass die Meinung anderer Menschen beeinflusst werden soll und dass sie dafür bezahlt wird.

Programmvermehrung und Kommerzialisierung von Hörfunk und Fernsehen

Man muss wissen und beachten, dass in den letzten Jahrzehnten in der Welt der etablierten Medien erhebliche Veränderungen stattgefunden haben. So hat die Vermehrung der Programme beim Fernsehen und Hörfunk, die es in Deutschland-West seit 1984 gibt, und die damit verbundene Kommerzialisierung der elektronischen Medien dazu geführt, dass die Menschen im Durchschnitt viel länger vor dem Fernseher sitzen. Die Nutzungsdauer der Zuschauer ab 14 Jahren betrug 1985 121 Minuten am Tag, 2015 208 Minuten; das ist ein Anstieg von zwei Stunden auf fast dreieinhalb Stunden. Die Konkurrenz der kommerziellen Programme hat zusätzlich dazu geführt, dass auch die Programme und Inhalte der

Öffentlich-rechtlichen Sender im Kampf um die Einschalt-quoten ein gutes Stück an die Programme der kommerziellen Sender angepasst wurden. Das Resultat sind zum Beispiel nur noch kurze Texte im Hörfunk – von Ausnahmen abgese-hen –, im Fernsehen eine nicht enden wollende Abfolge von Krimis und Rätselrate-Sendungen. Wir haben also, einige Sondersparten ausgenommen, beim Fernseh- und Hör-funkangebot, nicht mehr Pluralität, sondern weniger, oder wie wir in früheren Auseinandersetzungen zum Thema ge-sagt haben: weniger Vielfalt, mehr Einfalt.

Wenn man sich sein eigenes Urteil erhalten will, dann sollte man wissen und beachten, dass bei den Medien eine erhebliche Konzentration stattgefunden hat. Es gibt nur noch wenige Regionen und Städte in Deutschland, in denen die dort lebenden Menschen über mehr als ein Printmedium verfügen können. Oft ist zudem der lokale Hörfunksender auch mit dem Printmonopol verbunden beziehungsweise in den Händen der gleichen Eigentümer.

Man sollte auch zur Kenntnis nehmen, dass eines der gro-ßen Medienunternehmen in Deutschland, der Springer-Kon-zern, demnächst wesentlich von der US-amerikanischen Heuschrecke KKR beherrscht wird. In Deutschlands Medien wurde dieser Einstieg so dargestellt, als ginge es KKR vor allem ums Geld, also einsteigen und mit Gewinn in einigen Jahren wieder aussteigen. Vermutlich steckt dahinter aber auch der Versuch, über einen einflussreichen Medienkonzern in Deutschland weiter im Sinne des konservativen Teils des Westens Meinung und Stimmung zu machen. Dazu ist die *Bild*-Zeitung, die zum Konzern gehört, bestens geeignet.

Man sollte weiter wissen, dass einige wichtige, ehedem fortschrittliche Medien ihre Ordinate, ihren Standort im Schema zwischen links und rechts, verschoben haben. Wer das nicht beachtet, wird tendenziell mit-verschoben.

Das gilt zum Beispiel für den *Spiegel*, für die *Frankfurter Rundschau*, für die *taz*, für die *Süddeutsche Zeitung*, für *Die Zeit*, für die *Blätter für deutsche und internationale Politik* und für den *Freitag*. Es gilt für einzelne Sendeformate wie Panorama bei der ARD und in Ansätzen auch für Monitor. Besonders deutlich ist die Entwicklung bei der *taz*. Dort gibt es mittlerweile Kriegshetze[2] wie auch unsägliche Kommentare, die den Krieg zwischen Jung und Alt fördern.[3]

In den genannten Medien findet man immer wieder sehr gute, aufklärende, informative und kritische Beiträge. Aber in zentralen und die Politik bestimmenden Fragen hat eine bemerkenswerte Anpassung stattgefunden.

Ein Teil des Publikums dieser Medien hat sich mit diesen Medien mit-bewegt. Offensichtlich können die erwähnten Medien mit einer beachtlichen Treue ihrer Leserschaft, Zuhörerschaft und Zuschauerschaft rechnen. Die eigentlich bewundernswerte Charaktereigenschaft, Treue, macht im konkreten Fall immun gegen die Wahrnehmung von Veränderungen grundlegender Art. Vielleicht ist es aber auch nur Gewohnheit.

Wer über einen längeren Zeitraum hinweg kontinuierlich die oben genannten Medien gelesen, gehört oder angeschaut und eine enge Bindung entwickelt hat, merkt eine solche Veränderung nicht mehr. Treue kann zum Verlust der Fähigkeit zum Selberdenken führen.

Anzumerken bleibt noch, dass die Missachtung von Veränderungen einiger wichtiger Medien des ehedem fortschrittlichen Medienbereichs auch etwas damit zu tun hat, dass während dieser Zeit nicht nur einzelne Leser, sondern Leserinnen und Zuschauer die Veränderungen scharenweise mitgemacht haben. Angepasst haben sich also nicht nur einzelne Personen, sondern Gruppen unter Einfluss des eigenen Milieus. Anette Sorg hat am 30. April 2019 in einem

viel beachteten Beitrag auf den NachDenkSeiten auf diesen
Umstand hingewiesen: »Lieber dazugehören, als aufgeklärt
sein.«[4]

Es gibt noch andere gravierende Veränderungen:
Zum Beispiel sind unsere Medien sehr offen für PR-Aktionen
der Wirtschaft und einiger politischen Parteien. Sie beugen
sich Kampagnen beziehungsweise machen sie mit. Das beste
Beispiel war die Kampagne zur Privatisierung der Altersvorsorge verbunden mit der Behauptung, der demographische
Wandel sei beängstigend und verlange als Lösung die staatlich geförderte Privatvorsorge. Siehe IV. 2.

Es ist gut zu wissen, wo die jeweiligen Artikel geschrieben
werden. Manche Artikel in deutschen Zeitungen und anderen
Medien werden von externen Agenturen zentral verfasst. Um
das erkennen zu können, ist es wichtig zu wissen, was einzelne Kürzel unter den Artikeln bedeuten. Zum Beispiel ots.
Wenn Sie im Netz nachschauen, dann werden Sie folgenden
Eintrag von ots finden:

»Das macht uns aus.

Wir sind ein erfolgreiches Unternehmen im Herzen der
Medienmetropole Hamburg: news aktuell, eine hundert-
prozentige Tochter der Deutschen Presse-Agentur (dpa).
Seit 25 Jahren geben wir alles für Ihre PR-Inhalte. Egal,
ob Sie Pressemitteilungen, Bilder, Videos oder Infogra-
fiken verbreiten wollen, wir sind Ihr starker Partner in
Sachen PR. Perfektionieren Sie Ihre Kommunikation mit
dem ots-Netzwerk. Ihre Pressemitteilungen erscheinen
zeitgleich in allen relevanten Redaktionen (via dpa), auf
sozialen Plattformen, auf Presseportal.de (9 Mio. Visits/
Monat) und sind gleichzeitig auch noch mobil abrufbar
und suchmaschinenoptimiert.«[5]

Das bedeutet, dass Unternehmen, Verbände und Parteien Pressemitteilungen absetzen und zumindest hoffen können, dass diese dann via dpa, wie es so schön heißt, auf den Redaktionstischen der Zeitungen und Sender landen und verwendet werden. Gefördert wird diese seltsame antidemokratische Entwicklung noch dadurch, dass die meisten Redaktionen heute chronisch unterbesetzt sind.

Es ist hilfreich zu wissen, dass bei den Nachrichtenagenturen in Deutschland eine Konzentration stattgefunden hat: dpa ist entscheidend.

Einige Medienmacher und einflussreiche Journalisten arbeiten im Einflussbereich der USA und der NATO.

Für die eigene Meinungsbildung ist es außerdem gut zu wissen, woher Meldungen, Berichte und Kommentare kommen. Es gab schon immer Journalisten, die zum Beispiel der NATO eng verbunden waren. In der ZDF-Sendung Die Anstalt vom 29. April 2014[6] wurde das Beziehungsgeflecht eindrucksvoll visualisiert. Da erfuhr ein recht breites Publikum, dass zum Beispiel der Leiter des außenpolitischen Ressorts der *Süddeutschen Zeitung* Stefan Kornelius, die *FAZ*-Journalisten Klaus-Dieter Frankenberger und Günther Nonnenmacher, die *Zeit*-Redakteure Josef Joffe und Jochen Bittner und Kai Diekmann von der *Bild*-Zeitung mit einem atlantischen Netzwerk und damit eng mit der NATO verbunden sind. Das merkt man auch an ihren Texten.

Eigentlich müsste man ja annehmen können, dass in einer Gesellschaft, die sich demokratisch nennt, so etwas nicht möglich sein sollte. Aber die Realität hat diese Qualitätskriterien für eine lebendige Demokratie schon lange überlagert. Regierungen und internationale Organisationen haben genauso wie die Wirtschaft Strukturen von Einfluss-Agentinnen und -Agenten aufgebaut. Das werden wir nicht so schnell ändern können. Wir können aber unser Wissen verbessern und deshalb skeptisch werden, wenn wir Texte und Sendungen dieser abhängigen Medienarbeiterinnen und -arbeiter anschauen und lesen.

Parallel zu den Veränderungen bei der Struktur und Konzentration der Medien und parallel zum wachsenden Gewicht der Public-Relations-Agenturen und der Public-Relations-Tätigkeit insgesamt gab es eine Verschiebung in unserem Land, die sonderbarerweise von großer Bedeutung für die Meinungsbildung ist: Die Einkommens- und Vermögensverteilung wurde einseitiger – schlechter kann man sagen, wenn man die Bewertung nicht scheut. Im unteren und mittleren Bereich der Gesellschaft stagnieren die Einkommen beziehungsweise haben real abgenommen, im oberen Bereich hat es einen gravierenden Zuwachs an Einkommen und Vermögen gegeben.

Diese Verschiebung verschärft eine immer schon erkennbare Schlagseite der demokratischen Meinungsbildung und politischen Entscheidungsfindung: Wer über viel Geld oder publizistische Macht verfügt, kann in viel größerem Maße als die normalen Menschen Einfluss nehmen. Diese Einflussnahme bezieht sich auf die Bildung der öffentlichen Meinung und auch schon auf die Bildung der veröffentlichten Meinung, also die Meinung der Medienmacher. Auf diese Weise wird auch direkter Einfluss auf die politischen Entscheidungen genommen. Es gibt einen kleinen Lichtblick: Plattformen wie YouTube erlauben es »kleinen Leuten« (Rezo) Einfluss auf die Meinungsbildung zu nehmen.

Die Lage wird noch dadurch verschärft, dass mehrere Besitzer von Medien, also von großen Zeitungskonzernen und Rundfunksendern zur Gruppe der besonders reichen Personen in unserer Gesellschaft gehören und sich mit dieser Schicht identifizieren. Und auch die Medienmacher in den

Fernsehsendern sind inzwischen in Einkommenssphären, die sie zu der Einkommensoberschicht zugehörig fühlen lassen. Das wird noch verstärkt dadurch, dass Talkmaster und Talkmasterinnen ihre eigenen Produktionsfirmen besitzen und auf diesem Weg besonders gut verdienen

Während die wirklich Reichen in Deutschland an Gewicht gewonnen haben, ist gleichzeitig der Faktor Arbeit und seine Repräsentanz zurückgefallen: Die Gewerkschaften finden in den meisten Medien und auch in der breiten Öffentlichkeit kaum mehr statt. Auch die Öffentlichkeitsarbeit der Gewerkschaften und ihre eigene Publizistik sind zurückgefallen. Die Zeiten, in denen *Metall*, das Organ der IG Metall, mit fast jeder Ausgabe Schlagzeilen in die Medienlandschaft pflanzte, sind lange vorbei. Oder dass eine IG Druck und Papier nicht nur während Tarifverhandlungen zu vernehmen war, sondern auch zu politischen Grundsatzfragen Stellung bezog, ist auch vorbei. Gewerkschaftsvorsitzende wie Heinz Oskar Vetter, Heinz Kluncker und Otto Brenner und weitere bestimmten die öffentliche Meinungsbildung mit. Von Frank Bsirske ist heute in erster Linie bei Tarifverhandlungen im Öffentlichen Dienst etwas zu lesen. Wer kennt heute noch den DGB-Vorsitzenden oder die Vorsitzenden der Einzelgewerkschaften?

Das Umfeld, in dem wir uns zu orientieren versuchen und um eigenständiges Denken und Urteilen kämpfen, wurde in den letzten 40 Jahren deutlich verändert. Das wird auch sichtbar daran, dass das politische Interesse zurückgegangen ist, dass die Parteien mehrheitlich massenhaft Mitglieder verloren haben und dass es wenig programmatische Diskussionen in den Parteien und Verbänden gibt – von neuen Themen wie der Klimaveränderung abgesehen.

Das ist der Hintergrund, vor dem massive Versuche der Meinungsbeeinflussung stattfinden. Wir sind umzingelt von

Kampagnen und müssen feststellen, dass die totale Manipulation möglich ist.

Wir könnten uns damit beruhigen, dass so etwas gerade in Deutschland in der Zeit des Nationalsozialismus schon einmal möglich war und dass diese bleierne Zeit schon einmal überwunden werden konnte. Vielleicht gelingt das noch einmal.

III.
Methoden der Manipulation

In der Einführung wurde angekündigt, dass die Kenntnis der Manipulationsmethoden, die heute üblich sind, dabei hilft, sich davor zu bewahren, selbst Opfer von Meinungsmache zu werden. Im Folgenden finden Sie zunächst eine Liste und dann im weiteren Verlauf Beschreibungen und Beispiele für 17 verschiedene Methoden der Versuche, unser Denken und Fühlen zu beeinflussen. Manche Vorgehensweisen sind alte Bekannte, andere hingegen basieren auf neueren Erfahrungen. Oft werden zwei oder mehr Methoden gleichzeitig angewandt.

Anzumerken bleibt zur Einführung noch, dass Manipulationen nicht nur üblich sind, um Menschen zu schaden und eine Gesellschaft zu beschädigen. Manipuliert wird auch im Interesse einer guten Sache. Bei den Beschreibungen von Fällen der Meinungsmache und der dafür entworfenen Strategien werden Ihnen einige solcher im Kern positiv zu bewertenden Manipulationsvorgänge begegnen.

Hier die Sammlung der im folgenden beschriebenen Methoden der Manipulation – ohne Anspruch auf Vollständigkeit:

1. Sprachregelung
2. Manipulation mithilfe von ständig gebrauchten und mit einer Bewertung versehenen Begriffen

3. Geschichten verkürzt erzählen
4. Verschweigen
5. Wiederholen – Steter Tropfen höhlt den Stein
6. Übertreiben – Es wird schon etwas hängen bleiben
7. Die gleiche Botschaft aus verschiedenen Ecken aussenden
8. Alle in der Runde sind der gleichen Meinung. Dann muss es ja richtig sein.
9. Der Wippschaukeleffekt
10. Umfragen nutzen, um Meinung zu machen
11. B sagen und A meinen
12. NGOs gründen oder benutzen
13. Ein Sammelsurium von Andeutungen macht in der Summe die Halbwahrheiten zur Wahrheit
14. Experten helfen – zu manipulieren
15. Namen verknüpfen und damit Einzelne bewerten
16. Gezielter Einsatz von Emotionen
17. Konflikte nutzen und inszenieren, um Meinung zu machen

1. Sprachregelung

Einige Zeit lang war ich Abteilungsleiter im Bundeskanzleramt. Montags bis freitags trafen wir uns am frühen Morgen unter Vorsitz des Chefs des Bundeskanzleramtes in einem kleinen Sitzungssaal des Kanzlerflügels zur morgendlichen Lagebesprechung. Mit dabei außer den sechs Abteilungsleitern war der Regierungssprecher, damals die meiste Zeit Klaus Bölling, und der Redenschreiber des Bundeskanzlers. In dieser Runde wurde auch darüber beraten, was der Regierungssprecher bei der Bundespressekonferenz wie auch in Hintergrundgesprächen sagen sollte. Das war und ist bis heute ein Ort der Sprachregelung. Man kann das Ergebnis solcher Beratungen bei der Bundespressekonferenz mit Regierungssprecher Steffen Seibert beobachten.

Sprachregelungen werden auf vielen Ebenen getroffen und koordiniert. Deutlich erkennbar geschieht das bei der NATO, bei der Europäischen Kommission und beim Europäischen Rat oder in Gremien wie der »Atlantikbrücke«, bei der Münchner Sicherheitskonferenz und selbstverständlich in Washington. Der Westen insgesamt ist ein Ausbund an Sprachregelung. Nur so kann sich die Botschaft halten, wir im Westen seien die Guten. Wir seien die Demokraten. Bei uns gelten die Menschenrechte.

Alle diese Sprachregelungen werden stark davon gestützt, dass wir es heute mit einer ziemlich vereinheitlichten Medienlandschaft zu tun haben. Die Eigentümer und Chefredaktionen der großen Medien, von Tagesschau bis *Bild*-Zeitung, sind vermutlich die effizientesten Arrangeure der zu vermittelnden und zu wiederholenden Botschaften.

Ein paar dieser Sprachregelungen sollen hier gelistet werden, innenpolitische wie auch außenpolitische: Es geht uns gut. Die Löhne sind zu hoch. Die Lohnnebenkosten sind auch zu hoch. Der Arbeitsmarkt ist zu unflexibel. Das hat uns Arbeitslosigkeit gebracht. Wir brauchen Reformen. Der Generationenvertrag trägt nicht mehr. Jetzt ist Digitalisierung angesagt. Und so weiter.

Auch in der außenpolitischen und sicherheitspolitischen Debatte herrschen Sprachregelungen. Wir nennen Regierungen, die uns nicht passen, »Regime« oder »Diktaturen«. Wir sprechen vom Mullah-Regime und vom Schlächter Assad. Wir sprechen hingegen nicht vom Schlächter Mohammed bin Salman al-Saud, wenn wir den Kronprinzen von Saudi-Arabien meinen. Obwohl Saudi-Arabien und andere Staaten des Mittleren Ostens mit ihren Völkern und mit Nachbarn wie etwa dem Jemen mindestens so schlimm umgehen, wie der Präsident in Syrien das angeblich tut, nennen wir diese dann besser nicht Diktatoren und nicht Schlächter. So, nämlich Schlächter, könnten wir eigentlich auch Hillary Clinton wegen ihrer Rolle bei der Zerstörung staatlicher Strukturen in Libyen nennen oder Obama, der mit dem Drohneneinsatz, über Ramstein gesteuert, schon ganze Großfamilien hat hinschlachten lassen. Da fehlt es offenbar an der entsprechenden Sprachregelung. Der Stoßseufzer »Aber der Putin« zum Abschluss von Diskussionen über die neue Konfrontation zwischen West und Ost ist auch ein Beispiel für eine besonders gelungene Sprachregelung. Wir sind umstellt davon.

Achten Sie einfach auf wiederkehrende Formeln und glauben Sie dann nichts, nicht nur wenig, nichts!

2. Manipulation mithilfe von ständig gebrauchten und mit einer Bewertung versehenen Begriffen

In heutigen Zeiten kann man im öffentlichen Disput und auch im privaten Kreis dem Austausch von besonders ausgesuchten Begriffen nicht mehr entgehen. Diese Begriffe lassen sich häufig auf die Sprachregelungen von Regierungen oder Institutionen zurückführen.

Es kann bei ihnen Positives mitschwingen wie bei den Begriffen Menschenrechte, Freiheit, Demokratie, Reform, westliche Wertegemeinschaft, Exportüberschüsse, Wachstum, Zivilgesellschaft, schwarze Null oder humanitäre Kriege. Es kann negatives bis diffamierendes mitschwingen wie bei Populist, Linkspopulist, Rechtspopulist, Autokrat und Autokratie, Unrechtsstaat, Reformitis oder Querfront.

Oft steht man fassungslos vor den damit verbundenen Wortschwällen. Es gibt Menschen, die bei jeder Gelegenheit die sogenannte Zivilgesellschaft zitieren. Was die sogenannte Zivilgesellschaft leisten soll, ist erstaunlich. Aber das Wort schmückt den Benutzer. Es ist sozusagen eine wesentliche schöne Imagekomponente.

Noch öfter als das Wort Zivilgesellschaft wird der Begriff Populist gebraucht. Dieses Wort soll diffamieren. Ob die vielen Nutzer dieses Begriffes wissen, was sie damit meinen? Das ist fraglich. Jedenfalls wird damit ein abwertendes Etikett angeheftet. Und der Gebrauch des Wortes dient offensichtlich auch der Gruppenbildung der Guten. Wir hier, und die Populisten dort!

Wer sich seine eigenen Gedanken bewahren will, tut gut daran, den Gebrauch dieser Begriffe aufmerksam und skeptisch zu beobachten. Sie werden im Laufe eines Monats sowohl in den Medien als auch in Ihrem privaten und politischen Umkreis viel Anschauungsmaterial geliefert bekommen. Und dann machen Sie einfach mal den Test:

Fragen Sie naiv, was ihr Gesprächspartner mit Zivilgesellschaft meint und wie die funktioniert. Oder fragen Sie die vielen Nutzer des Etiketts Populist: Was ist das? Was meinst du damit?

P. S.: Auch die Bundesregierung hat mitbekommen, dass man mit Begriffen Wertungen transportieren kann. Damit es aber auch wirklich jeder wahrnimmt, hat die Familienministerin die Bewertung noch mit dazu gesetzt. Herausgekommen ist das »Gute-KiTa-Gesetz.«[1]

3. Geschichten verkürzt erzählen

Mit der Methode Geschichten verkürzt zu erzählen, werden viele Menschen unentwegt in die Irre geführt. Sie bestimmt über weite Strecken die öffentliche Debatte. Auf Basis dieser

Manipulationen werden reihenweise politische Fehlentscheidungen getroffen und gedeckt. Typische Beispiele sind:

Wenn hierzulande über das Verhältnis zwischen dem Westen und Russland berichtet und gesprochen wird, dann wird die Tatsache, dass West und Ost 1990 gemeinsam vereinbart haben, sich nicht mehr zu bedrohen und das Verhältnis auf die Idee der Gemeinsamen Sicherheit zu gründen, häufig weggelassen. Es war vereinbart worden abzurüsten. Jetzt wird so getan, als gäbe es diese Verabredungen nicht, ja als gäbe es die gesamte Entspannungs- und Friedenspolitik nicht.

Und natürlich wird auch vom Bruch der gegenseitigen Versprechen nichts erzählt. Nichts davon, dass schon die Ausdehnung der NATO bis an die russische Grenze ein übler Vertrauensbruch war. Nichts davon, dass und wie der Westen in der Amtszeit des russischen Präsidenten Jelzin in die inneren Verhältnisse Russlands hinein zu regieren versucht hat. Von diesen unglaublichen Machenschaften hat Naomi Klein in ihrem Buch »Schock-Strategie« eindrucksvoll berichtet.[2] Das Buch ist 2007 in Deutschland erschienen und wurde erstaunlich erfolgreich vergessen gemacht.

Es wird bei der Beurteilung der russischen Politik und insbesondere des Präsidenten Putin alles Mögliche angeführt, aber nicht die Tatsache, dass Putin im September 2001 in einer Rede vor dem Deutschen Bundestag, teilweise in Deutsch, weitreichende Angebote für die Zusammenarbeit gemacht hat.[3] Das passt nicht ins Bild, deshalb wird

Otto Schily, Herta Däubler-Gmelin und Joschka Fischer bei der Rede Putins im Bundestag 2001.

es nicht berichtet. Genauso wenig wie die betretenen Gesichter deutscher Kabinettsmitglieder von Joschka Fischer bis Otto Schily, denen man anmerkte, dass ihnen diese Friedensofferte nicht in den Kram passt, weil ihre amerikanischen Freunde sie auf Konfrontation eingestimmt hatten und haben.

Zweites Beispiel: Zum Syrien-Konflikt fängt die Geschichte damit an, dass man empört erzählt, der syrische »Diktator« – wahlweise »Machthaber« – lasse Fassbomben auf syrische Kinder werfen und die Russen würden wahllos syrische Städte einschließlich der Krankenhäuser bombardieren. Die Vorgeschichte wird nicht erzählt: Nicht, dass der Westen einen Regime Change in Syrien beschlossen hatte und zu diesem Zweck mithilfe verschiedener Golfstaaten auch Islamisten und Terroristen für den Einsatz in Syrien bezahlt und bewaffnet hat. Es wird nicht berichtet, dass dieser Konflikt schon 2011 begonnen wurde und Russland erst ab September 2015 und auf Bitten des syrischen Präsidenten intervenierte. Nicht erzählt wird, dass auch Deutschland von spätestens 2015 an mit dabei war,[4] ab 2011 hat sich Deutschland schon an Sanktionen gegen Syrien beteiligt und mitgeholfen, das syrische Volk auszuhungern.

Ganz selbstverständlich wird bei uns weder von den Medien noch von der Bundesregierung davon berichtet, dass Deutschland wegen der Nutzung der US-Stützpunkte in nahezu alle diese Kriege involviert ist. Und es wird auch den Nachrichten nicht nachgegangen, dass Deutschland – zusammen mit Menschen, die sich berechtigt Flüchtlinge nennen – auch Islamisten aus Syrien aufgenommen hat.[5]

Drittes Beispiel: Der Ukraine-Konflikt. Viele Medien – und auch Bundespräsident Frank-Walter Steinmeier[6] datieren die Ukraine-Krise auf die militärische Unterstützung Russlands für die Aufständischen in der Ost-Ukraine und auf die Annexion der Krim. Weggelassen wird quasi alles Wichtige, was davor geschah: Die erwähnte Ausdehnung der NATO bis an die russische Grenze, der Versuch von EU und NATO, auch die Ukraine einschließlich der Krim und damit die Militärbasis Russlands in Sewastopol in den Bereich der EU und der NATO einzubeziehen. Es wird weggelassen, was die USA an Propaganda und – wie sie es nennen – demokratischer Aufbauarbeit in der Ukraine veranstaltet haben. Sie haben nach Auskunft der zuständigen US-Unterstaatssekretärin Victoria Nuland 5 Milliarden Dollar – Milliarden!, nicht Millionen – in der Ukraine eingesetzt. Auch die westlichen Inszenierungen zum Maidan, die Umstände des Staatsstreichs gegen den amtierenden Präsidenten Viktor Janukowitsch und der Einfluss rechter Gruppen in der Ukraine werden bei der Erzählung nicht aufgenommen. Es wird auch nicht darüber aufgeklärt, welche Rolle die Außenminister von Polen, Frankreich und Deutschland, namentlich Steinmeier, im Februar 2014 in Kiew gespielt haben.

Man kann alle diese Interventionen ja rechtfertigen, aber man kann sie bei der Erzählung der Geschichte nicht einfach weglassen.

Noch ein Beispiel aus einer ganz anderen Welt: Eine bemerkenswerte Verkürzung machen nahezu alle bei der Diskussion von Freihandelsabkommen (TTIP, CETA) mit. Dass die weitere Erweiterung des Welthandels sinnvoll sei, wird von vornherein als richtig unterstellt. Dabei wird unterschlagen, dass wir jetzt ja schon einen beachtlichen Grad an Welthandel haben und die viel beschworene Globalisierung bei weitem nicht so neu ist, wie behauptet wird. Außerdem wird verschwiegen, dass der nationale und internationale Verkehr immer größere Probleme bringt, dass er eine ökologische Belastung ist, dass wir der Lkw-Flotten schon gar nicht mehr Herr werden und dass der Verkehr darüber hinaus oft subventioniert ist, jedenfalls nicht die vollen Kosten trägt, also nicht nur ökologisch, sondern auch ökonomisch fragwürdig ist. Wo ist die Diskussion um Verkehrsvermeidung geblieben? Und wo die Diskussion um die Dezentralisierung der Wirtschaftsräume? Sind das alles irrelevante Gedanken gewesen?

Wenn Sie die Geschehnisse, Argumentationen und Interpretationen durchschauen wollen, dann müssen Sie diese Methoden, im konkreten Fall die Methode einer verkürzten Erzählung einer Geschichte beherzigen. Prüfen Sie immer wieder, welche Tatsachen präsentiert werden und welche Veröffentlichungen miteinander in Konflikt geraten. Lassen Sie sich nicht von anderen missbrauchen. Fragen Sie selbst nach der ganzen Geschichte. Auch hier hilft und animiert Naomi Kleins Buch auf vorbildliche Weise, die ganze Geschichte eines Vorgangs zu durchschauen.

4. Verschweigen

Das Verschweigen ist eine grandiose Methode der Manipulation und von großer Bedeutung im politischen Geschäft. Dazu einige Beispiele:

Das Wirken der Treuhand und die Folgen: Darüber wird in Deutschland – gemessen an der großen Bedeutung des Vorgangs und der Folgen für Millionen von Menschen – gnadenlos geschwiegen. Die Gründe indes sind vielfältig und eindrucksvoll. Viel zu viele DDR-Betriebe sind abgewickelt oder massiv verkleinert worden; es gab politische Korruption; die Mehrheit der Menschen in der ehemaligen DDR sind um das gemeinsam erarbeitete Staatsvermögen weitgehend betrogen worden – wer will das schon beim Namen nennen!

Besonders apart war der Verkauf der ostdeutschen Banken an die westdeutschen Banken, für einen Appel und ein Ei und gepaart mit einer besonderen Belastung für ostdeutsche Betriebe. Die in DDR-Zeiten erhaltenen Zuschüsse des Staates wurden in Schulden umgewandelt. Das brachte viele Betriebe in eine Notlage. Über den Vorgang hat Lorenz Maroldt, der stellvertretende Chefredakteur des *Tagesspiegel*, 2005 ausführlich berichtet. Er hat auch berichtet, dass das einschlägige Gutachten des Bundesrechnungshofs verschlossen worden ist. Haben Sie von diesem Vorgang etwas gehört oder gelesen? Wenn nicht, ist das kein Wunder, denn der aufklärende Artikel des *Tagesspiegel* fand keinen nennenswerten Niederschlag in anderen deutschen Medien, mit Ausnahme der NachDenkSeiten.[7]

Verschweigen, weglassen, ausblenden. Das gilt übrigens für die gesamten Fehler der Regierung Kohl, ihrer Berater und der Bundesbank bei der Gestaltung der deutschen Vereinigung, insbesondere für die problematischen währungspolitischen und wirtschaftspolitischen Entscheidungen.[8]

Gravierend für die Mehrheit der Menschen ist, dass der Alltag der großen Mehrheit unserer Völker nicht im Mittelpunkt des medialen Geschehens steht. Ja nicht einmal am Rand. Wo wird schon über den Stress an den Fließbändern der Betriebe berichtet? Wo über den Alltag der Putzkräfte, die frühmorgens in Krankenhäusern, in öffentlichen Einrichtungen und in privaten Unternehmen tätig sind? Wo über die Sorgen der großen und immer weiterwachsenden Zahl von Menschen, die sich Gedanken machen über ihre Altersversorgung? Wenn man darüber sprechen oder schreiben würde, müsste man mit dem Finger auf jene zeigen, die die Leistungsfähigkeit der gesetzliche Altersvorsorge bewusst geschmälert haben, um der Versicherungswirtschaft und den Banken neue Geschäftsfelder zur eröffnen. Siehe Kapitel IV. 2.

Geschwiegen wird fast schon penetrant über eine Steuerbefreiung, die Bundeskanzler Gerhard Schröder und Bundesfinanzminister Hans Eichel zum 1. Januar 2002 in Kraft gesetzt haben und die immer noch gilt. Von der Steuer befreit sind Gewinne, die beim Verkauf von Unternehmen und Unternehmensteilen realisiert werden. Geschwiegen wird darüber, obwohl diese Regelung den Ausverkauf deutscher Unternehmen auf Kosten der Steuerzahler subventioniert hat. Siehe dazu auch IV. 11.

Verschwiegen wurde und wird, dass es Geheimarmeen der NATO gibt. Eine solche, mit dem Namen Gladio, flog in Italien auf, als das Bekanntwerden nicht mehr zu vermeiden war. Der ehemalige italienische Ministerpräsident Giulio Andreotti machte die Geschichte am 3. August 1990 öffentlich. Man muss davon ausgehen, dass die Armee in Terroranschläge verwickelt war. Darüber wird der Mantel des Schweigens ausgebreitet. Der Friedensforscher Daniele Ganser ist diesen schwer zu klärenden Fragen nach der Rolle der Geheimdienste und der Geheimarmeen in seiner Dissertation nachgegangen.[9] Auch der frühere Bundestagsabgeordnete Hermann Scheer hat sich dazu geäußert. In einem kurzen Interview spricht er über seine Auseinandersetzung mit dem Thema der NATO-Geheimarmeen in Europa.[10]

Wenn wir die hiermit aufgeworfenen Fragen klären, wenn wir das Schweigen durchbrechen könnten, dann würden wir uns vermutlich wundern, um wie viel geringer die von außen kommende Terrorgefahr ist. Was wir Terror nennen, wäre vermutlich viel geringer und seltener, wenn es die Inszenierungen der Geheimdienste und der verschwiegenen Sonderorganisationen nicht gäbe. Aber darüber wird der Mantel des Schweigens gelegt.

Seit Jahren werden die US-amerikanischen Einsätze von Drohnen in Afrika, im Nahen und Mittleren Osten über Ramstein, einer kleine Stadt in der Westpfalz, vermittelt. Vom Bundesstaat Nevada aus, wo die Drohneneinsätze geplant werden, wären sie ohne Vermittlung über Ramstein nicht möglich. Ramstein liegt in Deutschland, es ist keine exterritoriale Basis der USA. Dennoch erfahren wir in Deutschland weder etwas über die Ziele noch über die Toten noch über die Motive. Nichts. Und unsere Politikerinnen und Politiker und vor allem auch unsere Medien nehmen das schweigend hin. Nur gelegentlich und viel zu spät wurde darüber berichtet.[11]

Was die USA von deutschem Boden aus anrichten, muss verschwiegen werden – das gilt für die Drohneneinsätze genauso wie für die Lagerung und Modernisierung von Atomwaffen wie für die Nutzung der militärischen Basen in Deutschland für Kampfeinsätze und Bombardements in den US-Kriegsgebieten. Was die USA mit uns machen und was von deutschem Boden aus geschieht, ist tabu, wird verschwiegen – von der Bundesregierung und von unseren Hauptmedien. Auch in einen möglichen Krieg gegen den Iran wären wir einbezogen, ohne gefragt zu werden.

In Ramstein wurde Ende Juni 2019 wieder einmal gegen die Drohneneinsätze demonstriert. In den deutschen Medien fand dieses Ereignis kaum Resonanz. Keine Zeile zum Beispiel in der auf die Demonstration folgende Ausgabe der *Frankfurter Allgemeinen Sonntagszeitung*. Dafür dort der Aufmacher mit der Schlagzeile »Gute Chancen für Kühnert«. Dieser wird zum kommenden SPD-Vorsitzenden hoch-geschrieben. Das passt alles prima zusammen. Verschweigen dessen, was nicht passt, und propagieren dessen, was man unters Volk bringen und durchsetzen will: das Ignorieren deutscher Kriegsbeteiligung und die Förderung eines Politikers wie Kevin Kühnert. Von ihm wissen die Steuerungsleute im Hintergrund sowie ein Medium wie die *FAS*, dass die Militarisierung der Politik für den Juso-Vorsitzenden und zum SPD-Vorsitzenden hoch-stilisierten Kühnert kein bewegendes Thema ist.[12] Das gilt auch für den Generalsekretär der SPD Lars Klingbeil und den Außenminister Heiko Maas, die im gleichen Artikel ebenfalls als mögliche Parteivorsitzende genannt werden – immer übrigens auf der Basis von angeblichen Äußerungen nicht namentlich genannter Personen.

Bei den drei zuvor genannten Personen weiß man, dass sie auf außen- und sicherheitspolitischem Feld bei den Plänen der USA, der NATO, der Atlantiker und der Rüstungswirtschaft für Deutschland mitmachen werden und bei militärischen Einsätzen dabei wären. Diese Personen werden sich nicht auf das große Markenzeichen der SPD, die Entspannungs- und Friedenspolitik, besinnen, das wissen die Hintermänner und das beruhigt sie.

Verschwiegen wird übrigens auch penetrant, was die SPD in einem Grundsatzprogramm am 20. Dezember 1989, also kurz nach dem Fall der Mauer, als Ziele beschlossen hat: »Unser Ziel ist eine gesamteuropäische Friedensordnung auf der Grundlage gemeinsamer Sicherheit.« Abrüstung statt Aufrüstung. Das Ende beider Blöcke. Davon hört man und liest man nichts mehr. Siehe hierzu auch IV. 6.

Mit Kühnert, Klingbeil oder Maas an der Spitze der SPD würde ein konservatives, neoliberal geprägtes Medium wie die *Frankfurter Allgemeine* auch nicht das Risiko eingehen, dass die SPD bei Wahlen wieder so erfolgreich werden könnte, um das Kanzleramt zu besetzen. Mit der Werbung für dieses Personal wird die SPD als Konkurrenz »ausgeschieden«. Also kann man sie risikolos hochschreiben – und zu gegebener Zeit wieder fallen lassen. So wie das 1993/1994 mit Rudolf Scharping und 2017 mit Martin Schulz geschehen ist. Siehe dazu auch Kapitel IV. 16.

Und zum Schluss ein weiterer Fall beredten Schweigens: Die Gelbwesten wurden in Frankreich von der Polizei massiv und gewalttätig bekämpft – mit Gummigeschossen, Schlagstöcken und schlimmen Folgen: unter anderem Augenverlust oder der Zerstörung von Gliedmaßen. Die deutschen Medien jedoch haben, um ihren bewunderten Präsidenten Macron zu schonen, wochenlang geschwiegen.

5.   Wiederholen – Steter Tropfen höhlt den Stein

Wiederholen ist eine der gängigen Manipulationsmethoden. Nach der alten Weisheit: Steter Tropfen höhlt den Stein.

Wenn immer wieder gesagt wird: »Uns geht es gut«, dann bleibt es hängen. Dann wagen auch jene, denen es wirklich nicht gut geht, nicht mehr zu widersprechen.

Wenn immer wieder gesagt wurde: wir hätten eine Staatsschuldenkrise, dann wurde überlagert, dass wir eine Krise des Finanzsystems hatten. Das war die Folge der üblich gewordenen und teilweise kriminellen Spekulationen mit umgepackten und neu verpackten Finanzprodukten.

Wenn immer wieder wiederholt wird, demographischer Wandel und Globalisierung seien die beiden großen Herausforderungen unserer Zeit – so verlautbart Anfang des neuen Jahrhunderts sowohl von Angela Merkel wie von Gerhard Schröder und vielen anderen –, oder wenn wiederholt behauptet wird, die Finanzkrise komme aus Amerika, dann neigen wir dazu, dies zu glauben, ohne es zu prüfen. Auf dem gleichen Weg ist übrigens schon in den 70er Jahren des letzten Jahrhunderts in die Köpfe gehämmert worden, Konjunkturprogramme seien Strohfeuer. Damit wurde die Entscheidung eingeleitet, keine aktiven Konjunktur- und Beschäftigungspolitik mehr zu machen. Siehe dazu auch das Kapitel IV. 9. »Keynes is out«.

Wenn uns Anfang der 2000er immer wieder gesagt wurde, die Lohnnebenkosten seien zu hoch und wir bräuchten Strukturreformen, dann blieb Nicht-Fachleuten fast nichts anderes übrig, als diese Mär zu glauben.

Wenn wir uns bei einer Aussage, die wir unter die Leute bringen wollen, immer und immer wieder auf die Wissenschaft berufen, wie das zum Beispiel der YouTuber Rezo mit seiner engagierten Warnung vor dem Klimawandel getan hat, dann könnte die Aussage glaubwürdiger werden – durch die Anwendung gleich zweier Methoden: durch Wiederholung und durch die Berufung auf Experten.

Wiederholungen werden massiv beim Umgang mit Russland eingesetzt. Russland verhalte sich aggressiv und sei expansiv. Da muss man sich zwar die Augen reiben, wenn man bedenkt, wie viele Kriege der Westen führt und wie viele Milliarden Dollar die USA (2018: 643.3 Milliarden US-Dollar) im Vergleich zu Russland (63,1 Milliarden) ausgeben.[13] Extrem unterschiedlich ist auch die Zahl der Militärbasen, die einerseits die USA und andererseits Russland in der Welt unterhalten. Da ist das Verhältnis etwa 1 000 zu 20. Aber die Wiederholung des Vorwurfs, Russland sei aggressiv und expansiv, zeitigt Erfolge. George Orwell dazu in *1984*: »Und wenn alle anderen die von der Partei verbreitete Lüge glaubten – wenn alle Aufzeichnungen gleich lauteten –, dann ging die Lüge in die Geschichte ein und wurde Wahrheit.«

Wenn immer wieder gesagt wird, der »Diktator« Assad werfe Fassbomben auf die Kinder seines eigenen Volkes, wenn diese Formel vom früheren US-Präsidenten Obama und deutschen Bundestagsabgeordneten nahezu wörtlich wiederholt wird, dann braucht der Beleg gar nicht erbracht zu werden. Im konkreten Fall kommt die Methode Wiederholung und die Methode, eine Botschaft aus verschiedenen Ecken kommen zu lassen, zusammen. Wir neigen dann dazu, das zu glauben, auch wenn wir nicht einmal wissen, was eine Fassbombe ist.

Zur Praxis der Wiederholung gehört, Sprachregelungen abzusprechen. Das geschieht im konkreten Fall dadurch, dass die deutschen Sympathisanten des US-amerikanischen Präsidenten offenbar verinnerlicht haben, was er sagt, vielleicht sogar seinen Sprechzettel kennen oder damit versorgt werden.

Das Prinzip der Wiederholung wirkt auch, wenn zu platzierende Botschaften beiläufig fallen gelassen werden oder so nebenbei in einem Text, der sich ansonsten mit etwas anderem beschäftigt. Auch darauf zu achten hilft beim Selberdenken.

Insgesamt ist klar geworden, dass wir in der Wirklichkeit ständig Anschauungsmaterial zur Beobachtung dieser geläufigen Methode finden. Ein bisschen Aufmerksamkeit und ein bisschen Erinnerungsvermögen hilft beim Durchblick.

6. Übertreiben – Es wird schon etwas hängen bleiben

Der frühere Generalsekretär der CDU, Dr. Heiner Geißler, nannte die SPD die fünfte Kolonne Moskaus. Große Empörung bei den Betroffenen und sogar beim allgemeinen Publikum. Viele Beobachter fanden das Etikett übertrieben, aber hängen blieb schon, dass man der SPD nicht ganz trauen kann.

Ganz ähnlich noch einmal der gleiche Absender, Dr. Geißler, am 15. Juni 1983: »Der Pazifismus der 30er Jahre, der sich in seiner gesinnungsethischen Begründung nur wenig von dem unterscheidet, was wir in der Begründung des heutigen Pazifismus zur Kenntnis zu nehmen haben, dieser Pazifismus der 30er Jahre hat Auschwitz erst möglich gemacht.« In der Debatte ging es um den NATO-Doppelbeschluss.[14]

Vom neuen deutschen Wirtschaftswunder sprach der damalige Bundeswirtschaftsminister Rainer Brüderle und mit ihm die *Bild*-Zeitung im Jahre 2010. Das war zwar weit übertrieben, aber es blieb hängen, dass die Bundesregierung die Finanzkrise gut bis sehr gut überwunden habe. Dass es damals eine Arbeitslosenquote von 7,7 Prozent gab und auch schon viele Menschen, die ohne Arbeit waren, gar nicht mehr mitgezählt wurden, spielt keine Rolle. Die Übertreibung wirkte.

Helmut Schmidt, damals Bundeskanzler, sprach 1976 vom »Modell Deutschland«. Diese Übertreibung war geplant. Es sollte die Botschaft transportiert werden, dass Helmut Schmidt sich in seiner früheren Arbeit und als Bundeskanzler als leistungsfähig erwiesen hat. Die Reaktion der Menschen war typisch: Der soll mal nicht übertreiben, dieser Helmut Schmidt, auch wenn man feststellen muss, dass er seine Sache als Bundeskanzler gut macht. Siehe dazu auch das Kapitel III. 11.

Westliche Medien und Politiker lieben es auch, Personen in der Welt, denen sie feindselig begegnen, mit übertreibenden Begriffen zu etikettieren: Putin, der Autokrat, manchmal schon wird er als Diktator bezeichnet; Assad, der Diktator oder der Schlächter. Die Übertreibung funktioniert auch hier in den meisten Fällen. Wie einseitig diese Manipulationsmethode eingesetzt wird, kann man daran erkennen, dass zum Beispiel der brasilianische Präsident, Jair Bolsonaro, obwohl er viele Anzeichen eines Diktators an sich hat und sogar die eines Schlächters, nicht in ähnlicher Weise etikettiert wird wie der syrische Präsident.

»Freiheit statt Sozialismus« plakatierte und verkündete die Union in den 1970er und 1980er Jahren. Dieser Slogan war nicht gegen die DDR-Führung oder die Führung der Sowjetunion gerichtet. Er zielte auf die SPD. Es wurde übertreibend unterstellt, dass die SPD in ihrer Mehrheit den Sozialismus wolle, und es wurde genauso übertreibend behauptet, Sozialismus und Freiheit vertrügen sich nicht. Hängen bleiben sollte, dass die SPD und dann auch die Grünen in der damaligen Fasson gefährlich seien.

Abschließend: Übertreibungen erkennt man in der Regel leicht. Dennoch macht es Sinn, sich diese Methode zu merken und öffentliche Äußerungen entsprechend einzuordnen.

7. Die gleiche Botschaft aus verschiedenen Ecken aussenden

Wenn USA und NATO das deutsche Volk dazu bringen wollen, die dort gewünschte militärische Aufrüstung auch in Deutschland durchzusetzen, dann ist es nützlich für die Glaubwürdigkeit ihrer Forderung, wenn diese auch von funktional wichtigen Personen in Deutschland vertreten werden. So hat von der Leyen, als sie das Amt der Verteidigungsministerin innehatte, diese Forderung geteilt, und auch die CDU-Vorsitzende und neue Verteidigungsministerin Kramp-Karrenbauer hat sich sofort in gleicher Richtung geäußert – selbstverständlich sollen 2 Prozent des Bruttoinlandsprodukts für das Militär ausgegeben werden. Mit diesem Zusammenspiel aus verschiedenen Ecken wurden kritische Stimmen überlagert.

Als in Deutschland ab 1999 die Agenda 2010 und der Ausbau eines breiten Niedriglohnsektors durchgesetzt wurden, da konnten sich jene, die an niedrigen Löhnen interessiert waren, herzlich darüber freuen, dass diese Drecksarbeit von einem sozialdemokratischen Bundeskanzler begonnen und umgesetzt wurde. Wichtig für die Glaubwürdigkeit der Forderungen und damit für die Durchsetzung war es, dass Personen, die als fortschrittlich galten, sich ebenfalls für diese Art von »Reformen« einsetzten – so zum Beispiel der ehemalige SPD-Spitzenpolitiker Erhard Eppler.[15]

Mit der Besetzung der Rürup-Kommission durch einen kleinen Kreis von sogenannten Wissenschaftlern aus verschiedenen Ecken sorgte die Regierung Schröder dafür, dass die wissenschaftliche Begleitung des Projektes Agenda 2010 und anderer damit einhergehender Einschnitte von Wissenschaftlern mit verschiedenem politischen Hintergrund getragen wurde: vom Lobbyisten Professor Bernd Raffelhüschen genauso wie vom scheinbar unabhängigen Wissenschaftler Axel Börsch-Supan und vom Sozialdemokraten Professor Bert Rürup.

Als es 1999 darum ging, die Bundeswehr zu ihrem ersten Auslandseinsatz außerhalb des NATO-Bereiches in Jugoslawien zu schicken, bedurfte es zur Abwehr und Überlagerung der Kritiker der breiten Unterstützung aus verschiedenen Ecken. Dass CDU und CSU in ihrer großen Mehrheit diese Auslandseinsätze befürworten, war klar, dass die NATO und die USA dafür waren, war auch klar. Da fügte sich dann in dieser Situation noch der Sozialdemokrat und Verteidigungsminister Rudolf Scharping in die Reihe der Befürworter ein, und selbstredend auch der Außenminister, die damalige Spitzenfigur der Grünen, Joschka Fischer. So kam die Zustimmung für diese Ouvertüre zur Politik mit militärischen Mitteln aus nahezu allen Ecken der deutschen politischen Gesellschaft.

Heinrich Böll war Schriftsteller und Demonstrant gegen die Nachrüstung Anfang der 1980er Jahre. Dennoch wurde mithilfe der nach ihm benannten Heinrich-Böll-Stiftung, der politischen Stiftung der Grünen, Werbung für Kriegseinsätze gemacht und Russland als Feindbild weiter aufgebaut.

Wenn man den demographischen Wandel dramatisieren will, um die Teil-Privatisierung der Altersvorsorge durchzusetzen, dann nutzt man dafür sinnvollerweise nicht nur die *Bild*-Zeitung, sondern auch den *Spiegel*. (Siehe das Kapitel IV. 2. über demographischen Wandel und Altersvorsorge.)

Die Methode, Botschaften aus verschiedenen Ecken aussenden zu lassen, um die eigenen Ziele zu erreichen, ist weit verbreitet. Sie können die Anwendung dieser Methode unentwegt beobachten und daraus lernen.[16]

8. Alle in der Runde sind der gleichen Meinung. Dann muss es ja richtig sein.

Wenn Sie die Botschaft unter die Leute bringen wollen, beim Konflikt um die Durchfahrt am Persischen Golf sei der Iran der Schurke, dann müssen Sie dafür sorgen, dass alle Teilnehmer einer Gesprächsrunde diese Botschaft vertreten. Wenn Sie unter die Leute bringen wollen, das Renteneintrittsalter liege viel zu niedrig, es müsse auf 67 oder gar 70 Jahre erhöht werden, dann müssen Sie eine Journalistenrunde zusammenholen, die einhellig diese These vertritt. Beides hat der ARD-Presseclub geschafft.

Am 23. Juni 2019 saßen dort zwei Journalistinnen, zwei Journalisten und der Moderator Jörg Schönenborn zusammen. Thema: »Eskalation am Golf – Gefährdet Trump den Weltfrieden?«[17] Bei Minute 7:19 stellte Schönenborn die Frage, wer der Schurke sei, wer die Guten und wer die Bösen seien. Und alle sagten: Der Iran ist der Schurke.

Die Informationen der Sendung über das aktuelle Geschehen waren ausgesprochen einseitig: Da wurde nur dem Iran zugeschrieben, Terrorismus zu fördern und zu verbreiten. Von den Saudis keine Rede. Auch nicht vom Irakkrieg der USA, der ein destabilisierender Faktor für die gesamte Region war und vermutlich Tausende von Terroristen produziert hat.

Interessant an dieser Runde war auch das Milieu: Adrett und gut bürgerlich kommen die Journalistinnen und Journalisten rüber. Dabei ist ausgesprochen kriegstreibend, was sie so verkünden: Die Kriegsschuldfrage wird vorweg zugunsten der USA und zulasten des Iran beantwortet. Das erleichtert den möglichen Militärschlag.

Am 15. August 2010 hatte Schönenborn ebenfalls vier Journalisten zusammengeholt.[18] Es ging um die Frage, ob das Renteneintrittsalter auf 67 oder gar auf 70 Jahre erhöht werden soll. Die anwesenden Journalisten begrüßten die Erhöhung.

Um die Selektion der Gäste als glaubwürdig erscheinen zu lassen, erklärte Schönenborn in der Sendung, sie hätten bei der Einladung gesucht, aber es sei kaum möglich, unter den Journalistinnen und Journalisten der gängigen Zeitungen jemanden zu finden, der eine deutlich andere Meinung vertrete als die geladenen Gäste. Dann verwies er noch auf die abweichende Mehrheitsmeinung im Volk und insbesondere im Gästebuch des Presseclubs. Dort könne man kaum jemanden finden, der die Position vertrete, die »hier am Tisch« geäußert werde.

Nun, wenn der Moderator und seine Redaktion wirklich gesucht hätten, dann hätten sie durchaus publizistisch tätige Menschen gefunden, die die generelle Erhöhung der Altersgrenze infrage stellen. Etwas kritischer eingestellte Publizisten hätten ihm auch erklären können, warum die von ihm geladenen Gäste die Sorgen des Publikums wegen der Erhöhung der Altersgrenze nicht verstehen.

Im Presseclub wurden 2010 wie 2019 Journalistinnen und Journalisten zusammengeholt, die einheitlicher Meinung sind. Dass sie dies beim Thema Renteneintrittsalter sind und gemeinsam für eine Erhöhung sogar bis 70 Jahre plädieren, folgt unter anderem daraus, dass die Mehrheit der Zunft offensichtlich von der Lebens- und der Arbeitswirklichkeit der Mehrheit der Menschen wenig Ahnung hat und außerdem über eine gute Altersversorgung verfügt.

Die beiden erwähnten Sendungen sind Beispiele dafür, wie auch im öffentlich-rechtlichen Rundfunk Meinung gemacht wird. Es sind zwei Beispiele aus einer Reihe von vielen ähnlichen Veranstaltungen.

Im konkreten Fall der Sendung zum Iran ist die einseitige Auswahl der Journalistinnen und Journalisten am Tisch besonders obskur. Die Fakten sprechen nicht so eindeutig wie behauptet dafür, dass der Iran der Schurke ist. Schließlich gibt es ein gemeinsam ausgehandeltes Atomabkommen. Dieses wurde einseitig von den USA aufgekündigt. Die europäischen Partner des Abkommens fanden diese Aufkündigung nicht gut. In dieser Situation ist eine eindeutige Zuordnung des Etiketts »Schurke« im deutschen Fernsehen bemerkenswert. Man muss davon ausgehen, dass die atlantischen Hintermänner der ARD dafür gesorgt haben, dass ein solches Stück in das Meinungsführungsmedium am Sonntagmittag gehoben wurde.

Oft reicht schon eine weniger komplette Einseitigkeit für die gezielte Manipulation

Bei Talkshows kommt es immer wieder vor, dass die Besetzung nicht komplett einseitig ist, sondern um eine oder zwei kritische Stimmen ergänzt wird, vermutlich als Alibi und Glaubwürdigkeitskatalysator. Sahra Wagenknecht kann davon ein Lied singen. Drei zu eins oder vier zu eins sind beliebte Konstellationen und wirksame Manipulationsmethoden.

9. Der Wippschaukeleffekt

Der Begriff Wippschaukeleffekt klingt vermutlich fremd. In den Lehrbüchern kommt er nicht vor. Es fiel mir jedoch kein passenderer Begriff für die Manipulationsmethode ein, die hier zu skizzieren sein wird:

US-Präsident Donald Trump ist schon eine besondere Figur, er bedient sich übler Methoden und schlägt mit maßlosen Sprüchen um sich. Aber er ist bei vielen politischen Absichten und Taten wie etwa bei der Neigung, Kriege zu führen, nicht schlimmer als seine Vorgänger Barack Obama und vor allem als George W. Bush oder auch Bill Clinton und auch nicht schlimmer als seine Gegenkandidatin von 2016, Hillary Clinton. Doch dank des permanent gegen den jetzigen Präsidenten erhobenen Zeigefingers wird das ohnehin vorhandene negative Bild weiter verschlimmert. Im Gegenzug erscheinen seine Vorgänger und seine Konkurrentin beim letzten Wahlkampf als vorteilhafte tugendhafte Figuren. Die Demokraten um Obama und Clinton wirken geradezu als glanzvoll – das Ergebnis des Wippschaukeleffektes.

Ein ähnlicher Effekt tritt ein, wenn immer wieder und mit Recht, die AfD und einzelne Politiker dieser Partei kritisiert und als undemokratisch bezeichnet werden. In der Kontrastierung mit den Rechten erscheinen die Kritiker als links oder linksliberal, obwohl viele von ihnen das gar nicht sind. Einen erstaunlich schrägen Beleg für diesen Effekt konnte man am 1. August 2019 im Internetmedium *Tichys Einblick* finden. Da macht sich Gastautor Dr. Manfred Schwarz, früher einmal für die CDU und den Hamburger Senat tätig, Gedanken über Innenminister Horst Seehofers Reaktion auf den Tod eines sechsjährigen Jungen im Frankfurter Hauptbahnhof und Seehofers Zögern mit Kritik. Der Kommentator meint: »Zu groß ist seine Angst, vom linken medialen Mainstream unter Dauerbeschuss genommen zu werden.«[19] Da führt offensichtlich der Ruck nach rechts eines Beobachters des Geschehens dazu, dass er den wahren Standort des medialen Mainstream in Deutschland völlig verkennt. »Linker medialer Mainstream« in Deutschlands – das ist zum Lachen.

Ein Beispiel aus früheren Zeiten: Zwischen den beiden Spitzenpolitikern Willy Brandt und Helmut Schmidt knirschte es oft. Schmidt hielt sich für fähiger, war konservativer als Brandt und schon deshalb bei der Mehrheit der Medien höher angesehen als Willy Brandt. Helmut Schmidt hat dieser besonderen Vorliebe nachgeholfen, indem er seinen Parteifreund Brandt häufig kritisierte und ihn von seiner Umgebung in Hintergrundgesprächen schlechtmachen ließ. Der Effekt war erstaunlich: Je schlechter das Ansehen Willy Brandts wurde, umso mehr stieg die Bewunderung für Helmut Schmidt.

Die Wirkung wurde dabei noch dadurch verstärkt, dass Menschen dazu neigen, sich nicht entscheiden zu wollen. Im konkreten Fall konnten sie den Sozialdemokraten Brandt und auch die SPD ablehnen und gleichzeitig den Sozialdemokraten Helmut Schmidt gut finden. Das führte am Ende zumindest im bürgerlichen Lager der Schmidt-Bewunderer zu der Aussage, Helmut Schmidt sei prima, aber er sei in der falschen Partei.

Sachliche Gründe für diesen Wippschaukeleffekt gab es nicht, eher umgekehrt. Aber die Methode funktionierte.

Noch ein Beispiel: In den letzten Jahren begannen die etablierten Medien und ihre Vertreter die heranwachsenden Medien im Internet kritisch bis herablassend zu beäugen. Diese Kritik und die damit eintretende negative Etikettierung wirkt ebenfalls nach dem Schaukelprinzip. Die etablierten Medien erscheinen als das Wahre; sie erscheinen zugleich immer mehr als eine Einheit. Das Boulevardblatt *Bild*-Zeitung auf der einen Seite und zum Beispiel die *Süddeutsche Zeitung* und *Die Zeit* auf der anderen Seite wirken als einvernehmliche Gruppierung der wahren Medien. Das ist schon seltsam, vor allem dann, wenn man sich an die früheren großen Unterschiede und an die gegenseitige Kritik erinnert.

Es gibt bei uns im Westen unter kritischen Mitbürgern seit langem schon eine skeptische Debatte und kritische Analyse dessen, was allgemein Demokratie genannt wird. Demokratie gab es fast nie, habe ich einmal mit Blick auf die massive finanzielle Unterstützung des CDU-Kanzlers Konrad Adenauer und seiner Nachfolger, vor allem Helmut Kohl und etwas stiller Angela Merkel, durch die Wirtschaft formuliert. Die konservativen Parteien CDU, CSU und FDP hatten die Unterstützung des reichen Teils unserer Gesellschaft. Sie hatten immer sehr viel mehr Mittel, um ihre Wahlkämpfe zu finanzieren. Gleiche Wettbewerbsbedingungen und damit wirklich demokratische Verhältnisse gab es nie.

Auch in anderen Ländern ist das nicht anders, zum Teil schlimmer: In den USA müssen Präsidentschaftskandidatinnen und -kandidaten Hunderte von Millionen Dollar heranschaffen, um kandidieren zu können. Diese Art von Kandidatenauswahl kann man nicht demokratisch nennen.

In Frankreich taucht ein Präsidentschaftskandidat wie Emmanuel Macron aus dem Nichts auf. Offenbar ausgesucht und gesteuert.

Das Große Geld spielt in allen solchen sogenannten Demokratien eine große Rolle. Eigentlich müsste man zugestehen, dass die Verhältnisse nicht demokratisch sind. Da hilft der Wippschaukeleffekt aus der Patsche: Im Vergleich zu den sogenannten Autokraten, im Vergleich zum türkischen Präsidenten Erdoğan beispielsweise, erscheinen die bei uns handelnden Personen als Demokraten und unser System als demokratisch. Die Wippschaukel sorgt dafür, dass wir dann als Demokraten und ohnehin als die Guten gelten.

10. Umfragen nutzen, um Meinung zu machen

Meinungsumfragen werden beispielsweise von den Parteien ständig benutzt, um in die eine oder die andere Richtung Stimmung zu machen. Die beiden markanten Fälle sind zum einen der Versuch, eine positive Umfrage für die eigene Partei zu nutzen, um den sogenannten Bandwaggon-Effekt, den Mitzieheffekt, auszulösen. Die Wählerinnen und Wähler sollen ermuntert werden, sich bei der siegenden Partei zu versammeln. Das erleben wir 2019 im Umgang mit Umfragen zum Höhenflug der Grünen. Sowohl die Grünen als auch die sie unterstützenden Medien nutzen zurzeit diesen Effekt.

Den anderen Effekt könnte man den Warn- oder Gefährdungseffekt nennen. Für Letzteren gibt es einen klassischen Fall aus alten Zeiten: Die SPD rechnete sich 1965 aus, bei der Bundestagswahl dieses Jahres eine Mehrheit für einen Kanzlerwechsel zusammenzubekommen. Sie setzte ziemlich deutlich auf den Bandwaggon-Effekt. Eines ihrer markanten Werbemittel war ein Auto-Nummernschild in der gerade neu eingeführten Aufmachung mit der ziemlich simplen Aussage: »SPD 1965«.

Der Bundesgeschäftsführer der CDU, Josef Duffhues, und die Meinungsforscherin in Diensten der CDU, die Chefin vom Institut Allensbach, Elisabeth Noelle-Neumann, erkannten, welch eine Chance in der von der SPD laut geäußerten Hoffnung bestand. Sie förderten diese Stimmungsmache mithilfe von Umfragen und interpretierten sie gegenüber ihren eigenen Anhängern als eine große Gefahr für die bewährte CDU/CSU-Führung unseres Landes. CDU und CSU gewannen die Wahl, die SPD hatte auf das falsche Pferd, den Bandwaggon-Effekt gesetzt. Noelle-Neumann und Duffhues bekannten hinterher, dass die Stimmungsmache der SPD und die von der CDU/CSU geschürte Angst, es drohe ein Regierungswechsel, durch die Zahlen der Umfragen nicht gedeckt waren.

Einige Jahre später, es muss 1985 gewesen sein, habe ich persönlich erlebt, dass der für den Wahlkampf verantwortliche Sozialdemokrat in Nordrhein-Westfalen in einem engen Kreis der Wahlkampfberater, einschließlich dem Agenturchef, zu Beginn der Sitzung erklärte, der Chef des für die NRW-SPD arbeitenden Umfrageinstituts habe gefragt, welches Ergebnis wir bei der nächsten unmittelbar anstehenden Umfrage haben wollten. Zur Auswahl stand eher eine gute, um den Mitzieheffekt auszulösen, oder eher eine für die SPD schlechte, um die potenziellen Wählerinnen und Wähler und vor allem die Sympathisanten an die Urne zu bekommen und zu veranlassen, noch richtig Wahlkampf zu machen.

Bei den Landtagswahlen in Brandenburg und Sachsen am 1. September 2019, haben wir eine besondere Variante des Gebrauchs oder Missbrauchs von Umfragen erlebt. Da wurden die Ministerpräsidenten von Brandenburg und vor allem jener von Sachsen am Wahlabend in vielen Kommentierungen zu Siegern erklärt, obwohl sie und ihre Parteien kräftig verloren hatten. Das war möglich, weil vorher Umfragen gemacht und veröffentlicht worden waren, die noch weit größere Verluste und schlechtere Ergebnisse vorausgesagt hatten. Also merke: Ein besseres Ergebnis als eine schlechte Umfrage ist ein gutes Ergebnis.

Das waren allesamt harmlose, wenn auch politisch richtungsweisende Missbräuche von Umfragen. Sie zeigen, was man mit Umfragen machen kann. Deshalb die Warnung, bei Umfragen auf jeden Fall wenig zu glauben und viel zu hinterfragen. Im Hinterkopf sollte man verankert haben, dass und wie Umfragen für Meinungsmache genutzt werden können und tatsächlich genutzt werden.

Was hier an Beispielen aus dem Bereich der Parteien beschrieben worden ist, gilt selbstverständlich auch für Umfragen zu ganz anderen Themen und Produkten.

11. B sagen und A meinen

Das eine sagen, aber das andere meinen. Diese Methode wird unentwegt angewendet. So ist der Niedergang der SPD des Öfteren mit der Behauptung begleitet worden, die SPD verkaufe sich schlecht (= B). Damit transportiert wurde die Botschaft, ihre Politik sei eigentlich gut gewesen (= A). Auf allen Ebenen der SPD spukt derweil dieses Gespenst herum: Wir sind ja gut, aber wir verkaufen uns schlecht.

Auch die Agenda 2010 wurde und wird uns immer wieder auf diese Weise nahegebracht: Bundeskanzler Schröder habe sich, seine Kanzlerschaft und seine Partei geopfert, um das Land voranzubringen (= B). Damit wird die Botschaft A transportiert, die Agenda 2010 sei notwendig gewesen und nützlich.

Der frühere Bundespräsident Joachim Gauck hat Angela Merkel 2012 ermahnt, ihre Politik in der Euro-Krise besser zu erklären. Der *Spiegel* hat ihn wegen dieser Ermahnung kritisiert: »Mahnende Worte an die Kanzlerin. Gauck trifft Merkels schwächsten Punkt«.[20] Beides, die Ermahnung durch den Bundespräsidenten wie die Kritik des *Spiegel* an ihm waren Teil der Botschaft B, mit der vermittelt werden sollte, wie grandios die Politik der Bundeskanzlerin Merkel ist (= A).

Die Methode B sagen und A meinen wurde in Kombination mit der Methode Übertreiben von der Planungsabteilung des Bundeskanzleramtes 1975/1976 angewandt. Wir stellten damals mithilfe von Umfragen fest, dass Bundeskanzler Schmidt nicht als besonders leistungsfähig galt. Im Herbst 1975 haben wir dann zusammen mit Kollegen aus der SPD-Zentrale nach einer Möglichkeit gesucht, diese Einschätzung zu verbessern. Das Ergebnis des Nachdenkens: Der Bundeskanzler und andere Spitzenpolitiker sollten künftig bei der Darstellung unseres Landes und ihrer Politik vom »Modell Deutschland« sprechen und zugleich den eigentlich arrogant klingenden Begriff fortschrittlich füllen: gute Nachbarschaft mit allen Völkern, ein eng geknüpftes und festes soziales Netz, ferner viele und gute Arbeitsplätze, Reformen wie das gleiche Kindergeld für alle statt der ungerechten Kindersteuerfreibeträge, ganz geringe Arbeitslosigkeit und so weiter. Das sollte das »Modell Deutschland« charakterisieren, und das tat es damals auch.

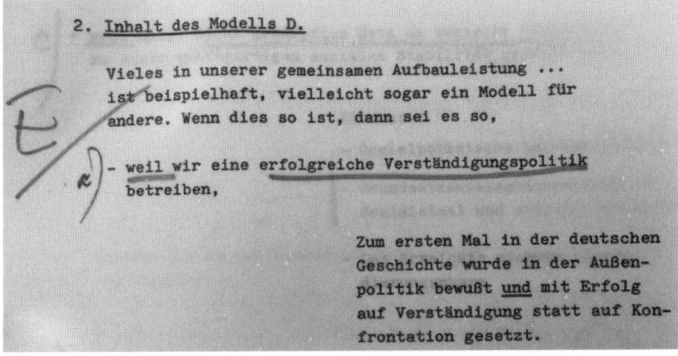

Dies hier ist ein Auszug aus dem Planungspapier zum »Modell Deutschland«. Das große E am Rand stammt von Bundeskanzler Schmidt.

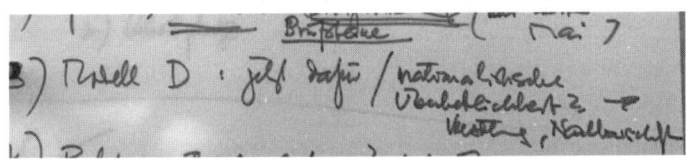

Dies ist eine handschriftliche Bemerkung von Schmidt nach einer Abstimmung mit seinen Kollegen in der SPD-Führung vom 9. Februar 1976.

Helmut Schmidt hat diese Idee positiv aufgenommen und seine öffentlichen Äußerungen darauf abgestellt. »Modell Deutschland« war die Klammer vieler Äußerungen von Schmidt selbst und der Bundesregierung.

Es gab offensichtlich einen Disput wegen des Eindrucks »nationalistischer Überheblichkeit«, wie Helmut Schmidt notierte. Aber es sollte mit den Begriffen Versöhnung und Nachbarschaften gefüllt werden.

Das war im Vorfeld der Bundestagswahl 1976 und hat vermutlich einiges dazu beigetragen, bei knapp gewordenem Abstand zu Helmut Kohls CDU/CSU die Wahl noch einmal zu gewinnen.

In Kenntnis dieser Methode und der Erfahrung, dass sie sehr oft angewandt wird, kann man lernen, nicht auf den ersten Teil einer Aussage hereinzufallen und stattdessen besser noch einmal zu hinterfragen, was dahintersteckt.

12. NGOs gründen oder benutzen

Man kann ja guten Gewissens glauben, Nicht-Regierungsorganisationen wären rundweg famose Einrichtungen. Sie würden an der inhaltlichen und sachlichen Zuarbeit für die politischen Entscheidungen der gewählten Abgeordneten, der Bundesregierung und internationaler Einrichtungen mitwirken. Sie wären wie die Umweltverbände und die Gewerkschaften und manche Stiftungen Vertreter besonderer Anliegen und Interessen. Sie seien unabhängig. Das war auch mein etwas naives Bild. Es ist nicht ganz falsch. Aber es ist teilweise ziemlich falsch.

Das war hierzulande zu merken, als sich zum Beispiel im Zuge der Debatte über den demographischen Wandel und die Altersvorsorge NGOs bildeten oder gebildet wurden, die Interessen von Teilgruppen vertraten. Aufgestoßen ist mir das bei NGOs, die für Generationengerechtigkeit eintraten und damit die Interessen der jungen Generation meinten – was durchaus berechtigt wäre. Aber manche entpuppten sich in ihrer Wirkung und wegen ihrer Stoßrichtung als verlängerte Arme der Versicherungswirtschaft und Finanzindustrie.[21]

Die Feststellung, manche NGOs verfolgten einseitige Interessen, gilt natürlich noch um vieles mehr für die großen NGOs wie etwa die Initiative Neue Soziale Marktwirtschaft. Diese ist am 12. Oktober 2000 ausdrücklich zum Zwecke der Propaganda gegründet worden und finanziell fürstlich ausgestattet worden. Als Instrument einseitiger Interessen hat sich zum Beispiel auch Avaaz erwiesen.[22] Ähnliches, wenn auch abgemildert, gilt für Campact.[23]

Im Vorfeld des Maidan war in der fernen Ukraine zu spüren, wie professionell Verbände und politische Interessen von jenseits des Ozeans in die innere Willensbildung und Organisationsbildung eines fernen Landes eingriffen. Die USA haben über Organisationen, die als Teil der sogenannten Zivilgesellschaft erscheinen, 5 Milliarden US-Dollar in den Aufbau von NGOs und in ihre Öffentlichkeitsarbeit in der Ukraine investiert.

Das Fazit: Man tut gut daran, ausgesprochen skeptisch zu sein, wenn NGOs an die Tür klopfen oder wenn sie uns mit ihrer Meinungsmache zu erreichen versuchen. Schade, denn eigentlich könnten NGOs durchgängig etwas Gutes und für die demokratischen Verhältnisse Wichtiges sein.

13. Ein Sammelsurium von Andeutungen macht in der Summe die Halbwahrheiten zur Wahrheit

Eine der gravierendsten Veränderungen der letzten 30 Jahre besteht darin, dass die Chance, die sich im Jahre 1989 auftat, nämlich die Konfrontation feindlicher Mächte in Europa loszuwerden und friedlich und produktiv zusammenzuleben, abgelöst worden ist durch eine neue Konfrontation. An dieser wird gearbeitet, auch durch geplanten Feindbildaufbau. Das betrifft vor allem das Verhältnis zu Russland. Die Vorstellung von Michail Gorbatschow und Helmut Kohl, von Willy Brandt, Egon Bahr und Hans-Dietrich Genscher ist von ihren Nachfolgern beerdigt worden. Jetzt wird eifrig an der neuen Konfrontation gebaut. So wollen und wollten es einige Ideologen und imperial geprägte US-Amerikaner wie beispielsweise Zbigniew Kazimierz Brzeziński und so will es die Rüstungswirtschaft, die sichtlich erschrocken war, als zwischen Ost und West Abrüstung beschlossen wurde.

Jetzt also ist Feindbildaufbau angesagt. Das geschieht auch mithilfe von gezielten Manipulationen. Von einer soll hier die Rede sein: Ereignisse, oft dramatischer und tödlicher Art, die nicht abschließend geklärt sind, werden so zusammengefügt, dass durch die Aneinanderreihung der Schuldige ausgemacht ist: der Giftanschlag von Salisbury, der Abschuss der MH 17, die »Annexion« der Krim, der Krieg in der Ostukraine, das Elend in Syrien, der angebliche Chemiewaffeneinsatz in Douma – alles zusammen reicht, um den Schuldigen für die neue Konfrontation festzumachen. Und zu verurteilen. Die Russen sind schuld.

In jedem einzelnen Fall kann man und muss man Zweifel haben. So kann man zum Beispiel die sogenannte Annexion der Krim ganz anders sehen, so sprechen die Tatsachen im Falle Syriens für einen besonders perfiden Fall des versuchten Regime Change durch den Westen und auch an der Schuldzuweisung für den angeblichen Chemiewaffeneinsatz in Douma gibt es handfeste Zweifel.

Aber das Sammelsurium von Andeutungen macht in der Summe die Halbwahrheiten und Unwahrheiten zur Wahrheit. Also wäre zu raten, dass die Leserinnen und Leser besonders aufmerksam werden, wenn sie einer solchen Aneinanderreihung von Halbwahrheiten und Assoziationen begegnen.

14. Experten helfen – zu manipulieren

Ohne Zweifel sind wir darauf angewiesen, Fachleute heranzuziehen, wenn wir Zusammenhänge verstehen wollen. Das gilt für die Welt der Physik, der Meteorologie, der Wirtschaft, der Gesellschaft, der Politik – für alles eigentlich. Das Vertrauen in Experten ist groß. Beides, die Notwendigkeit und das Vertrauen, führt dazu, dass Expertisen und Experten missbraucht werden können – für Kampagnen und für Manipulationen.

In der Debatte um die Kernenergie haben wir den Streit unter und den Missbrauch von Experten jahrzehntelang erlebt. In der Klimadebatte ist das nicht viel anders.

Um die Bedeutung des demographischen Wandels für Veränderungen in den sozialen Sicherungssystemen unters Volk zu bringen, wurden gleich mehrere Wissenschaftler mobilisiert und geschickterweise solche, die den Eindruck erweckten, aus unterschiedlichen politischen Richtungen und Weltanschauungen zu stammen. Diese Experten standen jedoch nahezu durchgehend im Dienste von Finanzdienstleistern. Siehe dazu IV. 2. Die Nutzung der »Experten« Bert Rürup, Bernd Raffelhüschen, Meinhard Miegel und Kollegen ist ein Musterbeispiel dafür, wie mithilfe von Experten gravierende Fehlentscheidungen eingeleitet und betrieben werden können.

Es vergeht auch kein Wahlabend, ohne dass Politologen und Wahlforscher als »Experten« herangezogen werden. Hier ist es in den meisten Fällen sinnvoll, skeptisch zu sein, da viele dieser Experten weltanschaulich festgelegt und oft auch in das Beratungswesen integriert sind.

Wirtschaftliche Zusammenhänge werden in der Regel von den meisten Menschen nicht durchschaut. Deshalb sind sie auf Experten angewiesen. So meinen sie und das ist angesichts der Kompliziertheit durchaus verständlich. Aber das ist in der jetzigen Konstellation gefährlich: Die Wirtschaftswissenschaften haben ihren pluralen und offenen Charakter verloren. Die Schule der neoliberal geprägten Ökonomen, der Angebotsökonomen, wie es in der Fachsprache heißt, bestimmt das Geschehen. Sie haben in den letzten drei bis vier Jahrzehnten die wirtschafts- und finanzpolitische Debatte und damit auch die wirtschafts- und finanzpolitischen Entscheidungen entscheidend beeinflusst – beim Verzicht auf eine aktive Konjunkturpolitik zum Beispiel, beim Aufbau des Niedriglohnsektors, bei der Agitation gegen angeblich zu hohe Löhne und Lohnnebenkosten oder bei der Verteufelung des Staates und der Lobpreisung für Privatisierungen. Es wäre gut, gäbe es wieder mehr Pluralität in der Wirtschaftswissenschaft. Aber das ist bisher nicht eingetreten. Deshalb kann man in diesem Bereich nur dazu raten, fast nichts zu glauben, was sogenannte Experten verkünden, oder sich durch das Studium von typischen Denkfehlern ein eigenes Wissen von wirtschaftlichen Zusammenhängen anzueignen.

Auf einen gravierenden Fall von Fehleinschätzung und falscher Beratung durch die etablierten Ökonomen wird in Kapitel IV. 14., zurückzukommen sein: auf das Gespinst von der sogenannten New Economy und dem Neuen Markt. Diesem Phänomen, dem Sparer mit geringen Vermögen reihenweise auf den Leim gingen, hat sich der »Sachverständigenrat zur Begutachtung der gesamtwirtschaftlichen Entwicklung« in seinem Jahresgutachten vom November 2000 positiv gewidmet und dies in einer Zeit, als die Blase des Neuen Marktes schon erkennbar war.

Die Konsequenz: In jedem Fall auch gegenüber Experten äußerst skeptisch sein, auch wenn gilt, dass wir alle immer wieder auf solche angewiesen sind.

15. Namen verknüpfen und damit Einzelne bewerten

Mir war bei der Berichterstattung und Kommentierung sehr verschiedener Vorgänge aufgefallen, dass manche Beobachter des Geschehens dazu neigen, Personen, die ich naiverweise als Individuen betrachtet habe, aneinanderzureihen. Die Aneinanderreihung sollte offensichtlich der einheitlichen Kennzeichnung dienen; man könnte auch von Stigmatisierung sprechen. Wenn man Trump, Erdoğan, Orbán, Salvini, Putin und andere hintereinander reiht, dann bekommt jeder das gleiche Fett ab, dann werden alle gemeinsam charakterisiert und stützen sich gegenseitig im Urteil und Vorurteil. Das war meine Beob-

Das Cover von *Die neuen Paten*.

achtung. Dann wollte ich wissen, ob das wirklich oft geschieht. Eine kurze Recherche brachte eine Serie von Belegen für die Nutzung des gleichen Verfahrens zum Vorschein:

Der Autor Jürgen Roth hat ein Buch geschrieben, auf dessen Cover die Verdächtigen abgebildet sind.

Bei Stephan Hebel im Buch *Merkel. Bilanz und Erbe einer Kanzlerschaft* heißt es schon im Vorwort auf der zweiten Seite: »Es ist ja richtig, dass Angela Merkel sich immer positiv unterschieden hat von Männern wie Donald Trump, Wladimir

Putin, Recep Tayyip Erdoğan, Viktor Orbán, Matteo Salvini und all den anderen polternden Populisten.« Hier kann man schon sehen, wie die Stigmatisierung läuft: Aufgehängt an der Glaubwürdigkeit der Charakterisierung als »polternder Populist« für den US-Präsidenten Trump wird das gleiche Etikett quasi automatisch auch auf die anderen übertragen, auch auf Putin. Putin – der polternde Populist? Wo denn? Bei welcher Gelegenheit? Russland ist die Zusammenarbeit mit dem Westen versprochen worden. Dieses Versprechen ist nicht eingehalten worden. Putin hat in dieser Phase trotzdem die erwähnte versöhnliche Rede im Deutschen Bundestag gehalten. Putin hat sogar die Ausdehnung der NATO bis an Russlands Grenze hingenommen. Ohne zu poltern, allerdings zum Beispiel bei seiner Rede auf der Münchner Sicherheitskonferenz im Jahre 2007 erkennbar enttäuscht davon, dass Russlands ausgestreckte Hand immer wieder zurückgewiesen wurde.

So viel zur manipulierenden Aneinanderreihung bei Roth und Hebel. Das waren zwei Autoren, die sich als links oder zumindest linksliberal verstehen. Wie sieht es bei anderen aus?

Am 24. Mai 2019 schrieb der *Berliner Tagesspiegel*:

>»Trump, Modi, Putin, Erdogan & Co – Die Internationale der Illiberalen.
>
>Weltweit breitet sich der Geist eines illiberalen Nationalismus aus. Er nährt sich auch aus starken Trotzgefühlen. Was tun? Eine Glosse.«[24]

Die *Süddeutsche Zeitung* erweitert schon am 18. November 2016 die Reihe um den Herrscher von China:

>»Erfolg der Autokraten: Fürchtet euch!
>
>Die Welt wird nun regiert von Trump, Putin und Xi Jinping. Und nun sagen Menschen: Entspann dich! Das

hat unser Autor schon einmal getan, als er den Wahlsieg Erdoğans erlebte. Noch Fragen?

Von Kai Strittmatter, Peking

Schreit! Ermattet nicht in eurem Entsetzen. Flüchtet nicht in Witze. Versichert einander nicht, so schlimm werde es schon nicht werden. Geht davon aus, dass es viel schlimmer wird.

So sieht's von China aus: Die Welt wird nun regiert von Trump, Putin und Xi Jinping. Ansonsten: Amerika am Arsch. Europa am Kippen. Der liberale Westen Vergangenheit. Die Demokratie schwer verwundet. Und jetzt? Meine Kinder?«[25]

Die *Süddeutsche Zeitung* hat später, am 23. Juni 2018 noch einmal Personen aneinandergereiht und dabei auch noch den indischen Regierungschef Modi in die Reihe aufgenommen:

»Demokratie: Präsidenten ihrer Anhänger

Staatslenker wie Erdoğan oder Trump tun gar nicht so, als würden sie ihrer ganzen Nation dienen wollen. Sie machen die Politik damit zu einem Nullsummenspiel zwischen ›denen‹ und ›uns‹.

Das Versprechen, dem ganzen Volk dienen zu wollen, ist keine populäre politische Strategie mehr. Der türkische Staatspräsident Recep Tayyip Erdoğan sieht sich als Vertreter der frommen Türken, teilt Bürger in Anhänger und Verräter ein. Der indische Ministerpräsident Narendra Modi stilisiert sich regelmäßig als Vertreter der Hindu-Mehrheit im Land. Der russische Präsident Wladimir Putin wiederum vertritt das starke, männliche Russland, das im Gegensatz zu all jenen steht, die dem ›ungeschlechtlichen‹ Europa anhängen.«[26]

Die *Hamburger Morgenpost* brachte am 15. Juli 2019 einen einschlägigen Artikel:

»Trump, Putin, Erdoğan und Co. Wie gefährlich ist die Lust auf ›starke‹ Männer?

›Starke Kerle‹, die keine Widerworte dulden und in ihren Ländern aufräumen wollen (v.l.): Viktor Orbán, Matteo Salvini, Donald Trump, Rodrigo Duterte, Wladimir Putin und Recep Tayyip Erdoğan.«[27]

Die *Deutsche Welle*, unser vom Steuerzahler bezahlter Sender für ausländische Leser, Hörerinnen und Zuschauer brachte am 1. Mai 2019 einen Meinungsartikel. Bei der Deutschen Welle wird die Aneinanderreihung noch garniert mit der Behauptung, die aneinandergereihten Personen Trump, Putin, Erdoğan und Orbán wären Chefs von niedergehenden Ländern mit schwacher Ökonomie. Entspricht das der Realität?

»Opinion: Strongmen with weak economies

Trump, Putin, Erdoğan, Orbán – are all »strong leaders« who boast that they are fostering economic dominance. The truth, says Alexander Görlach, is that their countries are in decline.«[28]

Die Tageszeitung *Die Welt* darf in dieser Reihe nicht fehlen. Dort war am 12. Oktober 2018 zu lesen:

»Die autoritäre Versuchung unserer Zeit

So unterschiedliche Politiker wie Putin, Erdogan und Trump haben einiges gemeinsam. Sie inszenieren sich als Kraftmenschen, als die alleinigen Retter ihrer jeweiligen Nation. Sie versuchen, die Demokratie zu einer plebiszitären Akklamationsmaschine umzubauen. Ihnen geht die eigene Nation oder das eigene Ich über alles, deswegen halten sie nichts oder fast nichts von Verträgen, Verhandlungen, Kompromissen und vom Multilateralismus.

Russland, die Türkei und die USA sind zwar vergleichsweise fern. Doch der Typus des neustarken Führers gewinnt auch in Europa und in den Staaten der EU an Attraktivität.«[29]

Der Spiegel brachte am 8. Juni 2018 eine Titelstory zum Thema:

»Putin, Trump, Xi, Erdogan – Ich bin das Volk
Ein autoritärer Herrschertypus verändert die Welt. Wie erklärt sich der Erfolg von Putin, Trump, Erdoğan, Xi? Die SPIEGEL-Titelstory.«[30]

Die hier dokumentierte Serie ist nicht nur ein Beleg für die Methode, durch Aneinanderreihung von Personen zu stigmatisieren, hier wird auch sichtbar, wie sehr unsere Medien dazu neigen, Themen und Wertungen voneinander abzuschreiben. Es kommt zur Aneinanderreihung von Personen also noch die Wiederholung der gleichen Thesen als Manipulationsmethode hinzu. Und noch etwas: Auch der Wippschaukeleffekt wird genutzt: Im Lichte der Reihe der sogenannten Autokraten und Antidemokraten erscheinen die anderen, also die Obamas, die Clintons, die Merkels, die Macrons und selbst die Bushs als positiv zu bewertende Zeitgenossen.

16. Gezielter Einsatz von Emotionen

Propaganda wirkt dann besonders eindrucksvoll, wenn sie über den Bereich der Sprache hinausgeht und mit Emotionen arbeitet. Diese Methode wurde auch im Kalten Krieg genutzt. Da wurde richtig Angst vor Slawen und Russen geschürt, in der Sprache und in Bildern.

Auch die Gegenbewegung, die Vertreter der Entspannungspolitik, haben mit Emotionen gearbeitet, in der Sprache
zum Beispiel mit dem Gebrauch des Wortes »versöhnen«.
Christlich geprägten Menschen hat auch dann, wenn sie vom
Kalten Krieg und Adenauers Politik der Abgrenzung geprägt
waren, Willy Brandts Politik eingeleuchtet, weil er wie auch
der damalige Bundespräsident Gustav Heinemann und
andere Träger der neuen Politik von Versöhnung mit Polen,
Tschechen und Russen sprach.

Emotionen werden vor allem über Bilder vermittelt. Im
Wahlkampf 1972 ging es um die Absicherung der Versöhnung
und Entspannungspolitik durch die Wählerinnen und Wähler.
Dafür haben der damalige Chef der Werbeagentur der SPD,
Harry Walter, und Michael Pfleghar, der Regisseur, der für die
Fernsehspots verantwortlich war, fast schon penetrant darauf
geachtet, dass jeder Fernsehspot, der dann bei ARD und ZDF
erschien, mit einer emotionalen Szene endete: Menschen
aus Ost- und Westberlin, aus Ost- und Westdeutschland, die
sich dank der Entspannungspolitik endlich wieder treffen
konnten, wurden gezeigt, wie sie sich umarmten – mit Freu-
dentränen in den Augen.

Der Vater von Ursula von der Leyen, Ernst Albrecht, hat im
Juni 1986 sein Amt als Ministerpräsident von Niedersachsen
auch nur mithilfe von Emotionen retten können. Die CDU
schaltete in der Schlussphase des Wahlkampfs, vermutlich
empfohlen vom Generalsekretär der CDU in Bonn, Dr. Geißler, Zeitungsanzeigen, auf denen Steine werfende Jugendliche abgebildet waren; sie wurden wie üblich in jener Zeit
der Auseinandersetzung um Kernkraftwerke in Brokdorf
und anderswo den Sozialdemokraten zugeschoben. Dieser
Rückgriff auf die Angst vor den jugendlichen Linken und ihre
Verknüpfung mit der linken Konkurrenz im Parteiengefüge
war dringend notwendig geworden. Die Katastrophe von

Tschernobyl, die sich gerade zwei Monate vorher ereignet hatte, ließ den Kernenergiebefürworter Ernst Albrecht ziemlich alt aussehen. Die Angst der Menschen vor den demonstrierenden und Steine werfenden jungen Leuten rettete den CDU-Ministerpräsidenten.

Wenn man über die Bedeutung von Emotionen im Meinungsbildungsprozess schreibt, muss man auch von Angst reden. Im Kapitel über den Kalten Krieg (IV. 5.) wird gezeigt wie die Angst vor Kommunisten und Russen angefacht wurde, um nach dem Zweiten Weltkrieg die Westintegration zu forcieren und die Teilung unseres Landes zu zementieren. Die Angst vor dem sozialen Abstieg steht in großen, unsichtbaren Lettern über dem Niedriglohnsektor und über Hartz IV. Rainer Mausfeld hat zum Thema gerade ein Buch veröffentlicht: *Angst und Macht. Herrschaftstechniken der Angsterzeugung in kapitalistischen Demokratien.*

17. Konflikte nutzen und inszenieren, um Meinung zu machen

Donald Trump soll den NATO-Austritt erwogen haben. So berichten zum Beispiel die *FAZ* und auch der *Spiegel* im Januar 2019. Wörtlich im *Spiegel*: »US-Präsident soll mehrfach Nato-Austritt erwogen haben. … Nur sein Team konnte ihn angeblich davon abhalten.«[31] Der US-amerikanische Botschafter in Berlin Richard Grenell droht im August 2019 mit Truppenabzug aus Deutschland, sollte Deutschland seinen Wehretat nicht erhöhen. Die CSU hat ihre Karriere ständig durch Konflikte mit der CDU angereichert, begleitet und ist daran gewachsen. Zwischen Oskar Lafontaine und Gerhard Schröder war im Dezember 1997 vereinbart worden, dass im Wettstreit bis zum Wahlparteitag im Frühjahr 1998 entschieden wird, wer Kanzlerkandidat der SPD werden sollte. Der Konflikt brachte Schröder und der SPD insgesamt einen grandiosen Höhenflug.

Konflikte schaffen Öffentlichkeit. Man kennt ja den entsprechenden Spruch: ›Ganz egal, was man über mich denkt, Hauptsache, man redet über mich‹.

Konflikte wurden immer wieder inszeniert oder auch nur genutzt, um gewünschte Botschaften unter die Leute zu bringen. In den aktuellen Fällen hat die US-Seite nie daran gedacht, die Drohung mit dem NATO-Austritt oder dem Truppenabzug zu realisieren. Die Drohungen dienten nur dazu, um die Verbündeten in Europa, speziell Deutschland und seine Steuerzahler, gefügig zu machen und den Wehretat zu erhöhen. Obwohl man das eigentlich weiß, nehmen eine beachtlich große Zahl von Menschen und auch professionelle Beobachter in den Medien die Konflikterfinder und -betreiber ernst.

»Glaube wenig« ist in diesem Zusammenhang jedenfalls eine wichtige Regel, um sich wenigstens persönlich vor diesen Inszenierungen zu schützen.

IV.
Fälle von Meinungsmache und die dahintersteckenden Strategien

Nach der Beschreibung von 17 Methoden der Manipulation sollen in diesem Abschnitt markante Fälle von Kampagnen der Meinungsmache und die dahintersteckenden Strategien beschrieben sowie analysiert werden. Die meisten Menschen haben nicht im Blick, dass Manipulationen in gut ausgedachten und langfristig angelegten Kampagnen betrieben werden.

Man kann seinen Blick dafür schärfen, indem man aktuelle und historisch interessante Fälle studiert und die dahintersteckenden Strategien analysiert, die zum Zwecke der Manipulation ausgedacht und angewendet werden.

Wir sind umstellt von Versuchen gezielter Beeinflussung unseres Denkens. Als ich mich entschloss, dieses Kapitel zu schreiben, habe ich auf Anhieb 40 dieser Strategien der Meinungsmache notiert. Einige Beispiele: wie die Finanzkrise zur Staatsschuldenkrise gemacht wurde; wie die Digitalisierung zur Monstranz gemacht und kritisches Hinterfragen unterlassen wurde; wie der demographische Wandel zur Teilprivatisierung der Altersvorsorge missbraucht wurde; wie der neue Feindbildaufbau gegenüber Russland funktioniert; wie die Agenda 2010 vorbereitet wurde; was das Schlagwort von der Auflösung der Deutschland AG bewirkt hat; wie ein befreundeten Volk zu Pleite-Griechen umetikettiert wurde; wie kurz nach dem Fall der Berliner Mauer aus »Wir sind **das** Volk« »Wir sind **ein** Volk« gemacht wurde; und so weiter.

In den meisten traditionellen Medien werden Kampagnen und Strategien der Meinungsmache nicht behandelt und nicht analysiert. Dem entsprechen auch die Historiker. In ihren Werken über die neuere Geschichte spielen Berichte über Manipulationen und die dahintersteckenden Strategien fast keine Rolle. Sie sind nicht Gegenstand ihrer Forschung. Deshalb werden Sie in den folgenden Kapiteln auch ein bisschen nachholende Geschichtsschreibung erleben. Es ist spannend, Revue passieren zu lassen, wie mit uns in den letzten Jahrzehnten umgegangen worden ist und bis heute umgegangen wird.

1. Wir sind das Volk. Wir sind ein Volk.

Als die Berliner Mauer am 9. November 1989 fiel, war auch unter jenen, die dafür in den verschiedenen Bürgerbewegungen der DDR gekämpft hatten, nicht klar, ob das Ergebnis zur deutschen Einheit führen solle oder nur zu mehr Demokratie und Selbstbestimmung in der DDR. »Wir sind das Volk« war die damals wohl mehrheitlich verinnerlichte Parole. Aber dann wurden – und dies sehr schnell – drei Buchstaben ausgetauscht. Dieser folgenreiche Austausch war weniger zufällig, als viele heute noch denken. Der Ruf nach der deutschen Einheit, die Veränderung der Parole von »Wir sind **das** Volk« zu »Wir sind **ein** Volk« war auch das Ergebnis einer bewussten und systematischen Kampagne, geplant und umgesetzt jedenfalls von der *Bild*-Zeitung und der CDU-Geschäftsstelle unmittelbar nach dem Mauerfall im November 1989.

»Wir sind ein Volk« wurde in Zeitungsartikeln, auf Flugblättern und Plakaten massenhaft unters Volk gebracht und hatte eine nachhaltige Wirkung. Auch die Volkskammerwahl vom

18. März 1990 wurde damit beeinflusst, die verschiedenen Kommunalwahlen in der DDR ebenfalls.

Deutschlandfunk Kultur hat den Vorgang am 29. September 2005 gut dokumentiert: »»Wir sind ein Volk« *Die Geschichte eines deutschen Rufes.*«[1]

Weil dieses Beispiel mustergültig zeigt, wie Meinungsbildungskampagnen geplant und umgesetzt werden, wird eine längere Passage aus der Sendung von Deutschlandfunk Kultur zitiert:

> »11. November 1989. Zwei Tage nach dem Mauerfall. Tausende von DDR-Bürgern strömen über die Grenze. Die *Bild*-Zeitung schreibt: ›Wir sind *das* Volk‹ rufen sie heute – ›Wir sind *ein* Volk‹ rufen sie morgen!‹ Am Tag zuvor sitzen *Bild*-Chefredakteur Hans-Hermann Tiedje und Herbert Kremp, Chefkorrespondent der *Welt* in Brüssel, in Hamburg zusammen. Sie besprechen, wie auf die Maueröffnung zu reagieren sei. Herbert Kremp, Autor des *Bild*-Kommentars: ›Als bei den Montagsdemonstrationen der Ruf erklang ›Wir sind das Volk!‹, war es für mich – bei meinen Auffassungen – selbstverständlich, dass ich sagte, das muss eigentlich heißen ›Wir sind ein Volk‹.‹ Für ihn ist auch klar, die Wiedervereinigung wird kommen, das war damals, also am 11.11. also genau in dieser Novemberzeit, eigentlich noch gar nicht so ein Tenor der offiziellen Politik.«

Parallel zur *Bild*-Zeitung gibt es in der CDU-Zentrale die entsprechenden strategischen Überlegungen. Auch dazu aus den Recherchen von Deutschlandfunk Kultur:

> »Sofort nach dem Mauerfall notiert Peter Radunski, Chef der Öffentlichkeitsarbeit der Bundes-CDU, in seiner Kladde: *Thema Wiedervereinigung jetzt besetzen!* ›Wir sind ein Volk!

Wir sind ein Volk!‹ Radunski: ›Wir haben festgestellt, das war auch stark diskutiert worden im Bundesvorstand und Präsidium, dass eigentlich die Selbstbestimmung nicht das sein kann, womit das Volk zufrieden gestellt werden kann.‹ Hinter den Kulissen stemmt die Bundes-CDU in der Woche vom 11. bis 17. November einen Aktionsplan. Es gilt, die Meinungsführerschaft zu übernehmen: Radunski: ›Eine Sitzung war am 16. abends im Adenauerhaus, eine sogenannte Kommunikationsrunde. Und bei dieser Kommunikationsrunde, das kann ich aus meinen Notizen deutlich sehen, ist gesagt worden: Kinder, wir machen ein Plakat ›Wir sind ein Volk‹. Das heißt, in Weiterentwicklung des Slogans, der in der damaligen DDR skandiert wurde: ›Wir sind das Volk‹.‹ …
Die *Bild*-Zeitung weiß um ihre Durchschlagkraft. Herbert Kremp, Autor des *Bild*-Kommentars: ›Wir hatten natürlich eine Multiplikationskraft, die war enorm, die lag natürlich weit über irgendeiner Plakataktion.‹ … Die Meinungen auf den Montagsdemonstrationen beginnen sich zu spalten. Die CDU schwört ihre Landesverbände auf die neue ›Aktion zur Deutschlandpolitik‹ ein. Radunski: ›Wir haben das nicht zentral gemacht, aber wir haben sehr frühzeitig gewissermaßen die Aufgaben aufgeteilt: ihr Hessen, ihr kümmert euch um Thüringen beispielsweise, ihr Württemberger um Sachsen. Wir haben sie alle gebeten, helft. Und dabei sind sicher auch Junge-Unions-Leute nach den einzelnen Teilen der DDR gekommen und haben sicher da auch die Wandzeitung oder das Plakat ›Wir sind ein Volk‹ hochgehalten.‹ …«

Aus einem schriftlichen Vermerk der CDU-Bundesgeschäftsstelle geht hervor:
Laut Aufzeichnungen aus der CDU-Zentrale wurden in der ersten Aktion folgende Werbematerialien an die Kreisverbände versandt: Plakate »›Wir sind ein Volk‹ – Erste Auflage

12 800 Stück. Aufkleber ›Wir sind ein Volk‹ – Erste Auflage: 100 000 Exemplare. Zweite Auflage: 300 000 Exemplare.«

Anzumerken bleibt noch: Der zitierte Aufkleber hatte die Form des damaligen CDU-Logos und verband so die Kampagne »Wir sind **ein** Volk« mit der allgemeinen CDU-Werbung. Außerdem schaffte die Schwesterpartei CSU ihrerseits eine große Zahl von Auf-
klebern und Plakaten dieser Art nach Mittel-
deutschland.

Dass CDU und CSU die Meinungsführer-
schaft übernommen hatten, war schon im Dezember spürbar. So habe ich es jedenfalls empfunden: Vom 18. bis 20. Dezember tagte in Berlin der SPD-Par-
teitag zur Beratung des Berliner Grundsatzprogramms. Am Abend des 19. Dezember machte Willy Brandt einen Abstecher nach Magdeburg, einer früheren Hochburg der SPD. Ich fuhr mit, weil ich wissen wollte, wie die Menschen in der DDR reagieren. Da war schon Respekt und ein Stück Begeisterung zu spüren, aber in den Gesichtern vieler Menschen, die sich auf dem Domplatz versammelt hatten, war auch Skepsis abzulesen. Die Propagandaaktionen der Union, der *Bild*-Zeitung und anderer hatten vermutlich schon gewirkt. Der CDU/CSU-Bundeskanzler, Helmut Kohl, wurde am nächsten Abend in Dresden begeistert empfangen. Das war schon eigenartig, wenn man berücksichtigt, welche Kärrnerarbeit sein Vorgänger Willy Brandt für den Abbau der Konfrontation zwischen Ost und West und damit auch für den Fall der Mauer geleistet hatte.

Aufkleber der CDU von 1989/1990.[2]

In der SPD-Führung herrschte im Übrigen auch die Meinung, dass die Sozialdemokratie in den neuen Bundesländern, insbesondere in Sachsen und Sachsen-Anhalt aufgrund der alten, in der Weimarer Republik sichtbaren Verankerung der SPD in diesem Teil Deutschlands, quasi ein Heimspiel haben würde. Aber das war eine Täuschung. Erstens überträgt sich eine solche Parteibindung nicht über Generationen und zweitens hat man offensichtlich die Kampagne der Union völlig unterschätzt.

Im Wahlkampf für die Volkskammerwahl vom 18. März 1990 und auch in anderen Auseinandersetzungen setzten die Helfer der Union in der DDR auf eine zusätzliche Komponente: Sie verknüpften die SPD mit der SED. Die drei Buchstaben wurden virtuos ineinander vermischt: PDSPDSED-SPDPDS.

Später dann wurde die Kampagne weitergezogen, vielleicht ist manchen noch in Erinnerung, wie die Union agitierte: »Rote Socken«. Es ist schon bewundernswert, welche Kontinuität die geplanten Kampagnen der Meinungsbeeinflussung haben.

Der Prozess der Vereinigung in Deutschland war noch durch eine Fülle anderer Propagandaaktionen und Strategien der Meinungsmache geprägt. Kohls Versprechen, blühende Landschaften in der DDR schaffen zu wollen,

Plakat zur Volkskammerwahl.

muss man auf die beschriebene Methode der Manipulation »Übertreiben, es wird etwas hängen bleiben« spiegeln. Siehe dazu III. 6.

Der gesamte Vorgang der Vereinigung der DDR und der Bundesrepublik Deutschland ist ein Tummelfeld für nicht endende Versuche der Meinungsmache, politisch sehr erfolgreich und sachlich hoch problematisch, wie auch der nächste Vorgang zeigt: 1989 und 1990 war ich Mitglied des Wirtschaftsausschusses des Deutschen Bundestages. Wir waren bemüht darum, eine gute Lösung zu finden, und haben dort ernsthaft die Frage besprochen, wie die Währungen der DDR und der Bundesrepublik Deutschland West verbunden und vereinigt werden sollten, zu welchem Kurs, wann und so weiter.

Von diesen Diskussionen im Wirtschaftsausschuss des Deutschen Bundestages berichtete ich bei einer Wahlveranstaltung im Kreis Strausberg, im Vorfeld der Volkskammerwahl vom 18. März 1990. Da meldete sich ein Bürger der DDR etwa so: Ich solle nicht weiter über die Währungsrelationen herumquatschen, entscheidend sei, dass Helmut Kohl die D-Mark bringe. – Was soll man darauf sagen? Die hochemotionale Propaganda wirkte und zerstörte jeden Versuch, Zeitpunkt und Kurs der Währungsumstellung rational und das heißt auch unter Beachtung der Frage, wie in der DDR möglichst viele Betriebe und Arbeitsplätze erhalten werden können, zu besprechen.

2. Der demographische Wandel und der angebliche Zwang zur staatlich geförderten privaten Vorsorge

Dieser Komplex ist das Musterbeispiel für eine gut geplante und erfolgreiche Strategie der Meinungsmache mit dem Ziel, politische Entscheidungen herbeizuführen, die den Interes-

sen der Kampagnenplaner und ihren Auftraggebern zugutekommen.

Der finanzielle Hintergrund: Die Versicherungswirtschaft
und die Banken haben spätestens in den 1990er Jahren des
letzten Jahrhunderts erkannt, dass sie sich ein neues Ge-
schäftsfeld erobern können, wenn sie Teile der bis dahin durch
die Gesetzliche Rente, also durch die Landesversicherungs-
anstalten, heute Deutsche Rentenversicherung, betriebenen
Altersversorgung dort herausbrechen und einen Teil der
Rentenbeiträge in Systeme der privaten Vorsorge umleiten.

Es ging um Milliarden. Nehmen wir die Zahlen aus dem
Jahr 2002, dem Jahr der Einführung des Privatvorsorge-Pro-
duktes »Riester-Rente«. Damals hatte die Gesetzliche Rentenversicherung einen Umsatz von 156 Milliarden Euro, die
privaten Lebensversicherer einen solchen von 67 Milliarden
Euro. Wenn nur 10 Prozent der Beiträge für die gesetzliche
Rente abgezweigt würden, dann wäre das ein Umsatzplus
von fast 16 Milliarden Euro bei den privaten Versicherern.
Ein Riesengeschäft.

Die Banken und Versicherer sahen diese Chance und
griffen schon in den Bundestagswahlkampf 1998 mit einer
massiven Anzeigenkampagne ein. Bereits damals tauchte
der Hinweis auf den demographischen Wandel in den An-
zeigetexten auf.

Wir werden immer weniger, wir werden immer älter.
Der Generationenvertrag trägt nicht mehr. Jetzt hilft nur
noch (staatlich geförderte) Privatvorsorge. Das waren die
Lernschritte, die man auf vielfältige und massive Weise den
Bürgerinnen und Bürgern unseres Landes beibrachte.

Man konnte die Verlogenheit dieser Argumentation damals
schon sehen. 1997 beschrieb ich in einem kleinen Buch, »Mut
zur Wende«, die Situation und die Absichten,[3] 1999 noch
einmal in der Reihe »Kritisches Tagebuch« des WDR, dort

auch mit Bezug auf die Anzeigenkampagne im Bundestagswahlkampf 1998.

Die an der Teilprivatisierung der Altersvorsorge interessierten
Wirtschaftskreise haben es über Propaganda und über Lobby
erreicht, dass ihre Geschäfte vom Staat gleich mehrfach
gefördert wurden:

Die Leistungsfähigkeit ihrer Konkurrenz, also der Gesetzlichen Rente, wurde systematisch vermindert – unter anderem
durch willentliche Fixierung des Beitragssatzes auf maximal
20 Prozent, mit Nullrunden und der Anwendung eines sogenannten demographischen Faktors. Dieser Erosionsprozess
wurde so weit und so lange betrieben, bis die Mehrheit erkennen musste, dass die Gesetzliche Rente für den Lebensabend
nicht mehr ausreicht. Das war eine perfide Strategie. Sie ist
übrigens immer noch zugange.

Das zweite Bein der Förderung der Finanzwirtschaft: Die
private Vorsorge selbst wurde und wird vom Steuerzahler
gefördert. Dafür hat man sich drei Modelle ausgedacht:
die Riester-Rente, die Rürup-Rente und die Förderung der
betrieblichen Altersvorsorge durch die sogenannte Ent-
geltumwandlung. Das meint: Wenn ein Betrieb mit einer
Versicherungsgesellschaft einen Vertrag für diese Art der
betrieblichen Altersvorsorge abschließt, dann werden für
die herangezogenen Löhne und Gehälter keine Lohnsteuer/
Einkommensteuer und auch keine Sozialbeiträge abgezogen.
Eine weitere Schwächung der Gesetzlichen Rente – neben
allem anderen.

Ein Riesengeschäft
Für die Finanzdienstleister und die Versicherungswirtschaft
erwies sich dieser Coup als ausgesprochen attraktiv. 2005
verkündete einer der Hauptmatadore, der Finanzdienstleister

Carsten Maschmeyer, nach der Verlagerung von der staatlichen zur privaten Altersvorsorge stehe die Finanzdienstleistungsbranche »vor dem größten Boom, den sie je erlebt hat«. »Sie ist ein Wachstumsmarkt über Jahrzehnte … .« »Es ist … so, als wenn wir auf einer Ölquelle sitzen«, sagte Maschmeyer. »Sie ist angebohrt, sie ist riesig groß und sie wird sprudeln.«[4]

Für die meisten Menschen, die zum Beispiel eine Riester-Rente abgeschlossen haben, erwies sich dies ganz und gar nicht als Geschäft, sondern als Flop. Das liegt schon daran, dass die privaten Vorsorgeprodukte und damit das Kapitaldeckungsverfahren sehr viel höhere Kosten verursachen als die Gesetzliche Rente und das Umlageverfahren – für den Betrieb, für die Werbung, für die Verwaltung. Bei der Riester-Rente schwanken diese Kosten zwischen 10 und 25 Prozent. Die Deutsche Rentenversicherung kommt hingegen mit etwa 1 Prozent der Beiträge für Verwaltung und Betrieb der Gesetzlichen Rente aus.

Propaganda auf allen Kanälen

Neben der Lobbyarbeit war die Propaganda die wohl entscheidende Methode, um sowohl die Multiplikatoren in den Medien als auch eine große Zahl von Menschen für die Umstellung auf staatlich geförderte private Altersvorsorgemodelle zu gewinnen.

Am 1. Januar 2002 trat die Riester-Rente in Kraft, zugleich auch die anderen Elemente. Immer wieder während des ersten Jahrzehnts im neuen Jahrtausend haben private wie auch Öffentlich-rechtliche Medien Propaganda für die private Vorsorge gemacht, meist bei Nutzung des angeblichen Hauptarguments, des demographischen Wandels. Es wurde dramatisiert und gelogen.

Zwei beispielhafte Elemente dieser Kampagne sind hier wiedergegeben:

Die Agitation des *Spiegel* war bedrückend primitiv.

In der *Bild*-Zeitung wurde die junge Generation gegen die ältere Generation ausgespielt – ein wiederkehrendes Motiv in vielen Publikationen und sogenannten Studien.

Spiegel-Cover zum demographischen Wandel.

Bild-Cover zum demographischen Wandel.

Die Fernsehsender widmeten ganze Wochen dem Thema Demographie und Altersvorsorge. Und immer mit der gleichen Tendenz. Die Propaganda war so massiv, dass wohl die meisten Menschen nicht durchschauten, was eigentlich durchschaubar war.

Ausgestattet mit einer gehörigen Portion kritischen Verstandes kann man der Propaganda auf die Schliche kommen:
Wir werden immer älter? Das ist nichts Neues, das war in den letzten hundert und mehr Jahren immer zu beobachten. Die Lebenserwartung stieg. Und dennoch ist das Umlageverfahren und die Gesetzliche Rente damit fertig geworden, und sogar noch mit der Belastung von zwei Weltkriegen.

Wir werden immer weniger. Das stimmt nicht. 1950 lebten in Ost- und Westdeutschland zusammen 68,7 Millionen Menschen. 2003 waren es 82,5 Millionen und heute sind es noch mehr, rund 83 Millionen Menschen. Glaube wenig.

Hinterfrage alles – das hätte einigermaßen vernünftige Leute überlegen lassen: Sind wir nicht ohnehin viel zu viele Menschen auf der Welt? Deutschland ist dicht bevölkert, mehr als doppelt so dicht wie Frankreich. Darf es nicht ein bisschen weniger sein?

Der Generationenvertrag trägt immer!? Immer müssen die lebenden arbeitsfähigen Menschen für die junge, noch nicht arbeitende Generation und für die alte, in die Rente gegangene Generation sorgen. Ob das gut gelingt, hängt von vielem ab. Zum Beispiel von der Erwerbsquote, also davon, ob alle Frauen, die gerne arbeiten wollen, auch wirklich die Möglichkeit dazu bekommen, und auch von der Höhe der Arbeitslosigkeit. Und vor allem, ist die Entwicklung der Arbeitsproduktivität entscheidend. Wer hinterfragt, hat schnell feststellen können: Produktivität schlägt Demographie.

Hinterfrage alles: Warum ist der Beitragssatz für die Gesetzliche Rente auf den Maximalwert von 20 Prozent fixiert worden? Auch das war ein Mittel, um die Leistungsfähigkeit der öffentlich organisierten Rente zu verringern. Denke selbst – wer das tut, musste sich bei Einführung der Riester-Rente fragen, ob denn die 4 Prozent des Arbeitseinkommens, die dafür an die privaten Versicherer abgeführt werden mussten und müssen, nicht de facto eine Erhöhung des Beitragssatzes sind. In der Tat ist das so. Unsere Medien haben uns mehrheitlich nicht geholfen, diesen Trick zu durchschauen. Also: Denke selbst.

Jetzt hilft nur noch private Vorsorge? Wer kritisch hinterfragt, muss die Frage stellen, ob durch die Umstellung auf private Vorsorge irgendetwas an den demographischen

Verhältnissen verändert werden kann. Werden dann mehr Kinder geboren?

Wer selbst denkt, kann feststellen, dass das Umlageverfahren der Gesetzlichen Rente eine vorzügliche gesellschaftliche Einrichtung ist und der demographische Wandel diese Bewertung keinesfalls außer Kraft setzt. Die gesamte Argumentation ist absurd. Das konnte man von Beginn an wissen, wenn man gründlich hinterfragte.

3. Von der Finanzkrise zur Staatsschuldenkrise – ein Meisterstück der Umdeutung und Umbenennung

Im Zuge der Finanzkrise, die man treffender eigentlich Spekulantenkrise nennen sollte, wurde unglaublich viel geschummelt, gedreht und verdreht – zielgerichtet, so, dass die wirtschaftlich Mächtigen aus der Schusslinie und letztlich aus der Verantwortung genommen wurden. Stattdessen erschien der Staat am Ende als Übeltäter und Versager. Leidtragender waren dann die Steuerzahler.

Meinungsmache, mit teuren Folgen für die Steuerzahler, war aus meiner Sicht von Anfang an zu bemerken. Das Ziel war klar: Die Verantwortung für die Finanzkrise musste von der privaten Wirtschaft auf den Staat geschoben werden. Was dann noch an Risiken für die Finanzwirtschaft hängen blieb, sollte dort nicht allzu hart zu spüren sein, jedenfalls nicht bei den großen Finanzinstituten und ihren Eigentümern.

Dafür erfand man den Begriff »systemrelevante Banken«. Als systemrelevant galten zum Beispiel die Industriekreditbank (IKB), die HypoRealEstate (HRE), die Commerzbank und auch einige öffentliche beziehungsweise öffentlich-rechtlich organisierte Banken wie die WestLB, die Bayerische

Landesbank, die HSH Nordbank. Die Rettung der IKB hat uns Steuerzahler mindestens 10 Milliarden Euro gekostet, die Rettung der privaten HRE rund 20 Milliarden Euro. Auch die Rettung der privaten Commerzbank durch den Bund erwies sich als Milliardengrab. Gerettet wurden jeweils die Eigentümer und die Anleger.

Der *Tagesspiegel* hat darüber, wer im Falle der HRE die Geretteten waren, auf der Basis der Unterlagen der Deutschen Bundesbank am 13. September 2009 im Detail berichtet. Der Artikel beginnt mit einer Feststellung, die wache Beobachter damals schon hätte empören müssen:

»Für die Sanierung der Pleitebank HRE fließen zweistellige Milliardensummen aus Steuergeldern. Aber die Regierung hält die Namen der Kreditgeber geheim, die auf Staatskosten freigekauft wurden. Die Bürger müssen zahlen, aber für wen, das sollen sie nicht wissen. Wir dokumentieren die Liste der Geretteten – die bisher keinen Cent zur Rettung beitragen müssen.«

Zum Beispiel hatte das Zentralinstitut der japanischen Genossenschaftsbanken 2,5 Milliarden Euro bei der HRE-Tochter in Irland deponiert, ausländische Banken insgesamt 23,348 Milliarden Euro, sonstige ausländische Einrichtungen 15,314 Milliarden Euro und deutsche Versicherungen und Pensionskassen insgesamt 10,498 Milliarden Euro. Einzelne Einrichtungen wie die katholische und evangelische Kirche, der WDR, der Bayerische Rundfunk und die Kassenärztliche Vereinigung Bayern haben ihr Geld bei der HRE-Tochter Depfa in Irland angelegt, weil es dort gute Zinsen gab. Insgesamt haben wir Steuerzahler für 87 Milliarden Euro gebürgt.

Der Vorgang ist übrigens auch ein gutes Beispiel für das Verschweigen als Methode der Manipulation. Die Bundesregierung hat nicht darüber berichtet, wer hier auf Kosten der Steuerzahler gerettet wurde. Das war die Leistung des *Tagesspiegel*-Journalisten Harald Schumann. Wahrscheinlich wurde auch deshalb nicht offiziell darüber berichtet, weil andernfalls wir Steuerzahler wirklich gefragt hätten, ob die Rettung des spekulativ angelegten Geldes einer japanischen Genossenschaftsbank oder einer amerikanischen Großbank oder der katholischen und evangelischen Kirche wirklich als »systemrelevant« betrachtet werden kann.

Die Finanzkrise fing in Deutschland nicht erst mit der Insolvenz von Lehman Brothers am 15. September 2008 an. Auf dieses Datum wird der Beginn hierzulande meist gerne datiert, weil damit verschleiert werden kann, dass die Krise in Deutschland mit der Spekulationspleite der Industriekreditbank (IKB) schon 2007 begann.

Die IKB war eine private Bank. In ihrem Aufsichtsgremium saßen die Honoratioren der deutschen Wirtschaft.[5] Als die Pleite kam, versuchte man mit allerlei Tricks, aus der IKB eine quasi öffentliche Bank zu machen. Das ist dadurch halbwegs gelungen, dass schon im Vorwege der Pleite die private Allianz AG einen beträchtlichen Kapitalanteil an der privaten IKB an die öffentliche Bank KfW verkauft hatte und dann später auch noch die Münchner Rück einen kleineren Anteil. Damit waren fast 38 Prozent des IKB Kapitals in öffentlichen Händen und diese frühe Vorsorge der Münchner Versicherungskonzerne konnte weidlich genutzt werden, um den Eindruck zu erwecken, hier sei eine öffentliche Bank in die Knie gegangen. So lauteten in der damaligen Zeit übrigens auch die Einlassungen. Oft und beiläufig war die Rede davon, die staatlichen Banken seien die eigentlichen Versager und Verursacher der Finanzkrise. Das stimmt jedoch selbst dann nicht, wenn man das Versagen einiger Landesbanken mit einbezieht. Die dicken Hämmer waren HRE, IKB und Commerzbank – lauter private Banken.

Sowohl bei der IKB als auch bei der HRE hatten die hohen Verluste viel mit der Spekulation der Anleger zu tun. Die IKB spekulierte mit faulen US-Hypotheken-Papieren, die Anleger bei der HRE rannten ohne Rücksicht auf Sicherheiten hinter den hohen Zinsen der Tochter in Irland her. Sie wurden vom deutschen Staat gerettet.

Viele Staaten, beispielsweise Spanien, Griechenland, Italien und andere Länder mussten sich zusätzlich verschulden, um ihre Banken zu retten. So wurde aus der Zockerkrise, aus der feiner formulierten Finanzkrise eine Staatsschuldenkrise. Und damit waren wir bei einer Bezeichnung angelangt, die den Banken nicht mehr weh tat und weh tut. Dafür umso mehr den einzelnen Staaten und der Öffentlichkeit.

4.   Wir sind Exportweltmeister

Vernünftige Ökonomen wissen: Wenn verschiedene Volkswirtschaften und das heißt auch verschiedene Völker wirtschaftlich gut und vernünftig kooperieren wollen, dann sollte die Bilanz ihrer Exporte und Importe von Dienstleistungen und Gütern auf mittlere Sicht ausgeglichen sein. Wenn ein Land für längere Zeit Leistungsbilanzüberschüsse erzielt, erwirtschaftet, erreicht, dann müssen andere – saldenmechanisch zwingend – Defizite einfahren. Man merkt schon an der Sprache, die hier gebraucht wurde, dass diese nicht der Vernunft des Umgangs untereinander und miteinander entspricht. Das Wort »Überschüsse« signalisiert etwas Positives, das Wort »Defizit« signalisiert ein Malheur, ein Versagen. Und auch die zuvor verwendeten Verben enthalten für die Überschüsse eher positive Elemente: erzielt, erwirtschaftet, erreicht – alle positiv aufgeladen.

Findige Politiker und Politikerinnen nutzen diese Bewertungskonstellation. Folglich rühmt sich die deutsche Bundeskanzlerin Merkel der Exportüberschüsse und der »Exportweltmeisterschaft«. Und Länder, die ein außenwirtschaftliches Defizit erleiden, werden scheel angesehen, kritisiert, bestenfalls zur Besserung ermahnt. So war der Umgang mit Griechenland, mit Spanien, mit Italien. Mit dieser egoistischen Politik und Agitation haben Bundeskanzlerin Merkel und einige ihrer Finanzminister – von Wolfgang Schäuble bis Peer Steinbrück – nicht nur zu einer tiefen Spaltung Europas beigetragen, sondern auch zu einer Schädigung des Rufs Deutschlands bei den betroffenen Völkern. Dass Merkel und Schäuble dennoch ein gutes Image in Europa haben, hat wiederum viel mit Meinungsmache zu tun.

Sich der Exportüberschüsse zu rühmen, ist realökonomisch betrachtet nicht angebracht. Ein Land, das Exportüberschüsse oder – unter Einbeziehung der Dienstleistungen – Leistungsbilanzüberschüsse erzielt, erwirbt dafür Forderungen an Defizitländer. Tatsächlich wird auf diese Weise Wohlstand exportiert. Man exportiert mehr, als man importiert. Wer das auf Dauer tut, lebt unter seinen Möglichkeiten. Folgerichtig haben der frühere Bundeswirtschaftsminister Karl Schiller und die Wahlkampfplaner der SPD im Jahre 1969, als die Bundesrepublik mit einer unterbewerteten D-Mark hantierte und wie heute hohe Exportüberschüsse erzielte, genau diesen realen Transfer von Wohlstand beklagt. Damals wurde in einem Anzeigenentwurf formuliert: »Wir verschenken jeden 13. VW«. Schiller forderte deshalb die Aufwertung der D-Mark, statt sich der hohen Exportüberschüsse zu rühmen.

Tatsächlich war die Aussage berechtigt und das Begehren nach einer Aufwertung der D-Mark auch. Nach dem Regierungswechsel von Bundeskanzler Kiesinger (CDU) zu Bundeskanzler Brandt (SPD) im Oktober 1969 wurde die D-Mark um 8,5 Prozent aufgewertet.⁶ Damit verbunden war ein realer Wohlstandsgewinn für die deutsche Volkswirtschaft.

Dieses 1969 noch vorhandene Wissen um die realen Verhältnisse in den ökonomischen Relationen zwischen den Volkswirtschaften ist heute nahezu verschwunden. Merkel kann sich, ohne rot zu werden, der Exportüberschüsse rühmen. Das ist auch Folge einer wenig aufgeklärten wirtschafts- und währungspolitischen Debatte in den deutschen Medien und wohl auch das Ergebnis des Umstandes, dass viel zu wenige Menschen kritisch hinterfragen.

Das wäre dringend nötig, denn die währungspolitische Schlagseite hat inzwischen quantitativ Dimensionen erreicht, die beunruhigen. 2018 hat Deutschland einen Leistungsbilanzüberschuss von ca. 249 Milliarden Euro gehabt – fast hätte ich statt »gehabt« »erzielt« geschrieben. So sehr ist uns in der Sprache die falsche Wertung volkswirtschaftlicher Zusammenhänge schon eingebläut. Das geschieht auf vielen Ebenen und durch die verschiedenen Institutionen. Typisch ist zum Beispiel ein Text der Bundeszentrale für politische Bildung vom 30. April 2019.⁷ Da ist von Rangfolge und vom Exportweltmeister die Rede. Insgesamt typisch für den Gebrauch einer einseitig und falsch wertenden Sprache.

Der Leistungsbilanzüberschuss Deutschlands liegt übrigens schon seit dem Jahr 2014 über 200 Milliarden Euro und war davor schon jahrelang ein dreistelliger Milliardenbetrag. Dahinter steckt ein Riesenproblem, auch wenn vordergründig argumentiert werden kann, dass in Deutschland damit Arbeitsplätze geschaffen werden. Man kann aus meiner Sicht mit Recht zugleich sagen, dass wir Arbeitslosigkeit exportieren. Jedenfalls ist es eine kritische Entwicklung. Diese Wertung kommt in der üblicherweise angewandten Sprache und Argumentation nicht zum Ausdruck. Deshalb ist hier dringend zu empfehlen, alles zu hinterfragen.

5. Von »Nie wieder Krieg« zum Kalten Krieg

Die bisher skizzierten Fälle von Meinungsmache, und dabei insbesondere der Komplex Demographie und Altersvorsorge, haben sichtbar gemacht, welchen gravierenden Einfluss gut geplante Strategien der Manipulation auf politische Entscheidungen und damit auf die Gestaltung wichtiger Bereiche unseres politischen Lebens und Zusammenlebens haben können und haben. Auch unsere Beziehungen zu anderen Völkern sind oft beeinflusst, gefördert und getrübt von Propaganda.

Als ich sieben Jahre alt wurde, war der Zweite Weltkrieg gerade zu Ende gegangen. Der Krieg war entsetzlich und die Jahre danach schwierig. Nie wieder Krieg – das habe ich aus jener Zeit noch im Ohr. Aus dem Mund von Flüchtlingen und Ausgebombten, von Kriegerwitwen und aus der Kriegsgefangenschaft heimkehrenden Soldaten. Nie wieder Krieg. Und keine neue Militarisierung.

In Adenauers erstem Kabinett gab es einen Innenminister, der diese Vorstellungen ernst nahm: der spätere Bundespräsident Gustav Heinemann. Er trat 1950 von seinem Amt als Innenminister zurück, als ruchbar wurde, dass Bundeskanzler Adenauer an eine Wiederbewaffnung Deutschlands dachte und diese konkret plante. Gustav Heinemann, der Mitbegründer der rheinischen CDU war, gründete nun zusammen mit Helene Wessel vom katholischen Zentrum und einigen anderen Weggefährten eine eigene Partei. Sie hieß Gesamtdeutsche Volkspartei (GVP). Ihr wichtigster Programmpunkt: die Angebote der Sowjetunion und des sogenannten Ostblocks ernsthaft prüfen. Die Vorschläge enthielten das Angebot, die beiden Teile Deutschlands schon damals, also Anfang der 1950er Jahre wieder vereinigen, wenn Deutschland neutral bleibt und also weder Teil des westlichen Paktes NATO noch des Warschauer Paktes wird.

Das Modell wurde von Österreich realisiert. Von Seiten der Verantwortlichen der Bundesrepublik Deutschland und vom Westen wurden diese Angebote nicht ernsthaft geprüft und abgelehnt.

Diese erste Friedensbewegung, so kann man sie nennen, wurde mit einem Feuerwerk von Propaganda niedergemacht. Der Westen wurde in wunderbaren Farben dargestellt, Russland und die anderen kommunistisch regierten Völker Osteuropas und Südosteuropas hingegen wurden als unverbesserliche Feinde gezeichnet. Niemand redete über die Opfer der sowjetischen Völker, immerhin 27 Millionen Tote im Zweiten Weltkrieg, dafür umso mehr über die Schandtaten von Stalin. Bundeskanzler Adenauers süffisante Sprachregelung »die Soffjets« war eine harmlose Variante der Agitation, härter waren die rassistische Diffamierung der Slawen und der rassistisch markierten sowjetischen Soldaten. Das Plakat, das sowohl die CDU als auch die CSU im Bundestagswahlkampf 1953 und später die NPD verwendeten, ist typisch für den Charakter der Meinungsmache.

Das Wahlplakat der CDU/CSU von 1953.

So sah der Kalte Krieg aus. So wurde die erste Friedensbewegung, die GVP und die mit ihr verbundenen Kräfte, die das

»Nie wieder Krieg« ernst genommen hatten, niedergemacht. Das Spiel fand seinen vorläufigen Höhepunkt im Mauerbau.

Die sprachlichen Elemente der damaligen Sicherheitspolitik müssen noch erwähnt werden, weil sie heute im Denken und der Sprache von Politikerinnen und Politikern, die in der Verantwortung stehen, wieder Einzug halten: Die eine Formel hieß »Abschreckung«. Das meint, so zu rüsten und aufzurüsten, dass dem Gegner im Osten die Lust an der unterstellten Aggression vergeht. Die zweite Formel hieß »Politik der Stärke« – eine ziemlich verführerische Wortkombination. Sie ist eingängig und deshalb propagandistisch wirksam. Im Meinungsmache-Werkzeugkasten von von der Leyen und Kramp-Karrenbauer tauchen die Formeln heute wieder auf.[8]

Beim Aufbau der beschriebenen Konfrontation spielten Fakten keine Rolle. Aber die Hauptrolle spielte auf beiden Seiten die Propaganda. Schon damals war es ausgesprochen schwierig, sich die Freiheit seiner Gedanken zu erhalten.

Das wirkt bis heute nach: In den Geschichtsbüchern spielt die beschriebene erste Friedensbewegung gegen die Nachrüstung keine Rolle. Das gehört ins Kapitel der Methoden der Manipulation: Geschichte verkürzt erzählen, weglassen und verschweigen, was dem Hauptstrom des Denkens widerspricht.

In Deutschland setzte spätestens 1961 mit dem Mauerbau eine Gegenbewegung ein. Davon gleich mehr.

6. Von der Friedenspolitik zur neuen Konfrontation in Europa

Der Zeitraum dieser für unser Leben in vieler Hinsicht entscheidenden Periode reicht vom sichtbaren Zeichen des Scheiterns der Politik der Konfrontation, dem Mauerbau von

1961, bis heute. In dieser Zeit gab es viele großen Kampagnen der Meinungsbeeinflussung, hierhin und dorthin, zum Sich-Vertragen bis zum neuen Kalten Krieg.

In einem Zirkel um Willy Brandt, damals Regierender Bürgermeister von Berlin, wurden schon gegen Ende der 1950er Jahre Überlegungen zum Abbau der Spannungen zwischen West und Ost angestellt. Im Sommer 1963 berichteten Willy Brandt und Egon Bahr in Tutzing am Starnberger See von ihren Überlegungen. Die Formel, mit der den Westdeutschen und im Westen insgesamt die neue Vertrags- und Friedenspolitik schmackhaft gemacht werden sollte, lautete: »Wandel durch Annäherung«. Die dahintersteckende Vorstellung: Anders als die Kalten Krieger, die durch Konfrontation die Ideologie und die Staatsapparate im sogenannten Ostblock bekämpfen wollten, sollte durch Abbau der Konfrontation eine innere Veränderung möglich sein.

Die Sozialdemokraten, namentlich der neue Außenminister Willy Brandt, begannen ab Dezember 1966 mit Beginn der Großen Koalition mit dem Versuch, die deutsche und westliche Außen- und Sicherheitspolitik zu verändern. Mit der Übernahme der Kanzlerschaft durch Willy Brandt im Oktober 1969 begann die praktische Umsetzung der neuen Linie. Diese wurde Vertragspolitik, Entspannungspolitik, Ostpolitik oder Friedenspolitik genannt. 1970 wurde der Moskauer Vertrag abgeschlossen. Es folgten weitere Verträge und der Versuch, die Atmosphäre zu lockern: Bundeskanzler Brandt besuchte Erfurt in der DDR, DDR-Ministerpräsident Stoph besuchte Kassel im Westen. Trotz gelegentlicher Differenzen und Konflikte machte der Konfrontationsabbau Fortschritte. Es gab immer wieder Erleichterungen für die Deutschen diesseits und jenseits der sogenannten Zonengrenze und in Berlin. Verwandte und Freunde, die sich jahrelang nicht gesehen hatten, konnten wieder zusammenkommen.

Das waren die faktischen Veränderungen. Im Hintergrund und auf offener Bühne tobte im Westen unseres Landes ein erbitterter Streit um die neue Politik. Ein besonderer Stein des Anstoßes war die Anerkennung der Oder-Neiße-Grenze, also der Grenze zwischen Deutschland und Polen, durch die Regierung der Bundesrepublik Deutschland. Das wurde als Verzichtspolitik gebrandmarkt. Der Vorsitzende der Schlesischen Landsmannschaft Herbert Hupka wechselte deshalb die Partei, von der SPD zur CDU. Ähnlich entschieden sich eine Reihe anderer Mitglieder der SPD- und der FDP-Fraktion.

Die Propaganda, die Meinungsmache, die Öffentlichkeitsarbeit spielte in dieser Phase eine große Rolle. Für die Entspannungspolitik setzten sich viele Künstlerinnen, Literaten, Schauspielerinnen und Wissenschaftler – Inge Meysel und Wibke Bruns, Günter Grass und Heinrich Böll zum Beispiel – sowie wichtige Teile der evangelischen und katholischen Kirche ein, dagegen mobilisierten die Vertriebenenverbände und konservative Kreise im Umfeld von CDU und CSU ihre Anhänger.

Im April 1972 hatten so viele Abgeordnete die Fahne gewechselt, dass der Vorsitzende der CDU/CSU-Bundestagsfraktion Rainer Barzel ein Misstrauensvotum gegen Brandt wagte. Er verlor diese geheime Abstimmung zwar – aber in der im Mai folgenden Abstimmung über den Bundeshaushalt, die nicht geheim war, hatte die Koalition aus SPD und FDP keine Mehrheit mehr. Daher kam es zu vorgezogenen Neuwahlen am 19. November 1972. Der Wahlkampf wurde zu einer wahren Schlacht zwischen den Gegnern und Befürwortern der Ostpolitik und zugleich zwischen den Befürwortern der sozial geprägten Reformpolitik der Regierung Brandt und der vom Großen Geld geprägten Politik der Gegner. Diese griffen mit 100 verschiedenen Anzeigenmotiven und viel

Geld in die Wahlauseinandersetzung ein. »Klassenkampf von oben« nannten wir das damals. Die Anzeigen sind zusammen mit Analysen in Band Nr. 1658 in der Reihe rororo-aktuell veröffentlicht worden.[9]

Die abgebildete Anzeige ist eine von 100 verschiedenen Motiven – in den Zeitungen geschaltet von wechselnden, meist anonymen Gruppen. Das war eine massive Propaganda. Sie wird heute von Historikern und Medienschaffenden schamhaft verschwiegen. Eine typische Methode der Manipulation.

Die massive Kampagne des Großen Geldes war der Versuch, dem Volk die einzige kleine Macht, die Abstimmung bei der Wahl, zu entreißen – durch eine Kette von Manipulationen.

Damals wurde diesem Coup mit der Offenlegung der Motive und Machenschaften begegnet. »Herr Barzel, was haben Sie versprochen für die Millionen, die zu Ihren Gunsten eingesetzt werden« – so ähnlich konterte die SPD und auch Willy Brandt in der sogenannten Elefantenrunde im deutschen Fernsehen. Hunderttausende zogen in den Wahlkampf, mit Buttons, Autoaufklebern und Plakaten in den Fenstern ihrer Wohnungen. Damals ist es zum ersten Mal gelungen, eine Gegenöffentlichkeit zur *Bild*-Zeitung

Typische Anzeige im Wahlkampf 1972.

sowie den anderen Helfern des Großen Geldes und der CDU/CSU aufzubauen. Das Wahlergebnis von 45,8 Prozent Zweitstimmen für die damalige SPD belegt, dass es möglich ist, eine eigene Öffentlichkeit jenseits der Mehrheit der Medien und des Einflusses von Menschen und Gruppen mit viel Geld aufzubauen.

1972 wurden alle Register der Propaganda gezogen: Wiederholung, Diffamierung, maßlose Übertreibung. Eine auf heute übertragbare Erfahrung. Hier ein paar Überschriften von Anzeigen der Kampagne des Großen Geldes:

Klassenkampf ist großer Krampf. Freiheit wählen! Wer Brandt wählt – wählt Deutschlands Untergang! Sozialistischer Stammtisch. SPD wählen bedeutet: Marsch in die Volksfront. Totengräber einer Nation. Bitte entscheiden Sie sich für Freiheit – gegen Sozialismus!

Wenn Willy Brandt damals nicht den Mut gehabt hätte, dem Rat von uns Wahlkampfplanern zu folgen, die Intervention kapitalkräftiger anonymer Gruppen in den Bundestagswahlkampf 1972 zum großen Thema zu machen, wäre die sozialliberale Koalition schon damals zu Ende gewesen. Die Union hatte nach Umfragen im September 1972, also zwei Monate vor dem Wahltermin, 51 Prozent der Stimmen ergattert. Die ungeschminkte Offensive gegen diese undemokratische Intervention hat vielen Menschen die Augen geöffnet und erst dazu geführt, dass mit einer eigenen Öffentlichkeit ein Gegengewicht geschaffen werden konnte. Die bisher höchste Wahlbeteiligung bei Bundestagswahlen mit 91,1 Prozent ist ein ergänzender Beleg für diese Einschätzung.

Eine Anmerkung zur Entstehung des Begriffs »Das Große Geld«: Die Idee, die Kampagne der anonymen Kreise um die Union so begrifflich zu fassen, kam von dem Publizisten Günter Gaus, damals Chefredakteur des *Spiegel*. Zusammen mit einem Mitarbeiter hatte ich ihn zur Vorstellung des Wahlkampfkonzeptes im Sommer 1972 in Hamburg besucht. Als wir beschrieben, was nach unserer Einschätzung ins Haus stand, meinte er spontan in der ihm gegebenen unkomplizierten Art: Dann nennt das doch Das Große Geld.

Der damalige stellvertretende Vorsitzende der SPD und spätere Bundeskanzler Helmut Schmidt hat hinterher gelegentlich im Gespräch mit mir kritisch angemerkt, ich hätte mit der Empfehlung an Willy Brandt, die Intervention des Großen Geldes zum Wahlkampfthema zu machen, und der entsprechenden Umsetzung im Wahlkampf das Verhältnis der SPD zur Wirtschaft beschädigt. Naja, die Fortsetzung und die Absicherung der Friedenspolitik schienen und waren de facto wichtiger.

Auf Manipulation folgt Gegenmanipulation, so könnte man den gesamten Vorgang kritisch kommentieren. Manipulation und Aufklärung ist aus meiner Sicht die richtige Bezeichnung des Vorgangs.

Heute hätte man häufig Anlass zu einer ähnlich klaren, aufklärenden Sprache – zum Beispiel bei der im Sommer 2019 ausgebrochenen Debatte um die Wiedereinführung der Vermögensteuer oder um den Mietendeckel in Berlin. Das Große Geld macht Propaganda und Front gegen diese Vorschläge, aber keiner kontert mit einer offensiven Bezeichnung des Vorgangs. Das ist heute die Lage und deshalb steht es um den demokratischen Prozess ausgesprochen schlecht.

Das eigentliche Wichtige für das Anliegen, selbst denken zu lernen, ist: An diesem Fall und Vorgang wird sichtbar, dass auch große und clever geplante Kampagnen der Meinungsbeeinflussung gekontert werden können.

Die Beschreibung dieses Vorgangs ist zusätzlich wichtig, weil man daran erkennen kann, wie in der Bundesrepublik Deutschland westliche Medienarbeit und die Arbeit von Historikern funktioniert. Die Intervention des Großen Geldes wie auch der Konter der SPD Willy Brandts waren kein großes Thema in den Medien und sie sind kein Thema für die Historiker. Ihr Werk, von dem es so schön und falsch heißt, die Geschichtsschreibung werde die Wahrheit ans Licht bringen, ist sehr oft nur der Abklatsch der aktuellen Medienberichterstattung und Kommentierung. In keinem der historischen Werke über jene Zeit habe ich eine einigermaßen sachliche Beschreibung der massiven Intervention des Großen Geldes, also von Menschen und Gruppen mit viel Geld, gefunden. Wir haben Klassen-Medien und Klassen-Historiker – das zu erkennen ist ein wichtiger Lernschritt auf dem Weg zum Ziel, selbst zu denken. Hinterfrage alles, in der Tat, nur so wird sich die eigene Erkenntnis den wirklichen Abläufen nähern können.

Die Befürworter der Entspannungspolitik haben die Methode beherzigt, dass eine Botschaft glaubwürdiger wird, wenn sie aus verschiedenen Ecken kommt. Deshalb die Mobilisierung von Befürwortern der Entspannungspolitik aus den Reihen der eher konservativen Kirchen und von Prominenten aus dem bürgerlichen Lager. Die Befürworter der Entspannungspolitik haben bewusst mit Emotionen gearbeitet. Vergiss die Emotion nicht. Siehe das Beispiel der Fernsehspots in Kapitel III. 16.

Ab Oktober 1982 war der Vorsitzende der CDU, Helmut Kohl, neuer Bundeskanzler. Er hat sich die Entspannungspolitik zu eigen gemacht. Symbolisch für diese Veränderung ist auch die Tatsache, dass sich Helmut Kohl danach mit Willy Brandt gut verstand.

In den folgenden Jahrzehnten gab es immer wieder Bewegungen in den Gesellschaften und Staaten Osteuropas. Es gab Demonstrationen in der DDR. Am 9. November 1989 fiel die Mauer. Im weiteren Verlauf einigten sich West und Ost auf das Ende der Konfrontation, auf Verständigung und auch auf die Vereinigung der beiden Teile Deutschlands.

Den Stand der damaligen Vorstellungen und Hoffnungen das Verhältnis zwischen West und Ost betreffend kann man am besten mit wichtigen Aussagen belegen, die im Berliner Grundsatzprogramm der SPD zu diesem Thema enthalten sind. In Berlin wurde am 20. Dezember 1989 beschlossen:

»Unser Ziel ist eine gesamteuropäische Friedensordnung auf der Grundlage gemeinsamer Sicherheit. ... Von deutschem Boden muss Frieden ausgehen. ... Unser Ziel ist es, die Militärbündnisse durch eine europäische Friedensordnung abzulösen. ... Diese eröffnet auch die Perspektive für das Ende der Stationierung amerikanischer und sowjetischer Streitkräfte außerhalb ihrer Territorien in Europa.«

Dieses friedenspolitisch hervorragende Programm ist heute vergessen, auch vergessen gemacht worden. Das ist – wie übrigens auch das Verschweigen der oben skizzierten Kampagne des Großen Geldes im Wahlkampf 1972 – ein Musterbeispiel für die Manipulationsmethoden, zu verschweigen und eine Geschichte verkürzt zu erzählen. Die heutige SPD will nichts mehr davon wissen, die anderen politischen Kräfte sowieso nicht.

Von der Verabredung gemeinsamer Sicherheit zwischen Westen und Russland zur neuen Konfrontation

Die Verabredung, die Konfrontation zwischen Westen und Russland zu beenden und durch eine Konstruktion Gemeinsamer Sicherheit in einem gemeinsamen Europa zu ersetzen, wurde zwischen 1990 und heute annulliert. Die Sicherheitspolitik wurde von den Füßen auf den Kopf gestellt. Vermutlich von beachtlicher Bedeutung für die neue Wende nach der Wende von 1990 waren geostrategische Überlegungen US-amerikanischer Strategen, herausragend repräsentiert vom früheren US-Sicherheitsberater Zbigniew Brzeziński.

Ein markanter Bruch der Verabredung zu 1990 war auch der Versuch des Westens, vor allem der USA, in die innere Entwicklung Russlands hineinzuregieren. Beim russischen Präsidenten Jelzin waren viele US-amerikanische Berater tätig. In Konferenzen in Washington wurde über die innere Entwicklung Russlands beraten. Die USA retteten Jelzin 1996 vor der Abwahl – mit einem Wahlkampfkonzept und Millionen Dollar.

1999 wurde mit der Ausdehnung der NATO in Richtung russischer Grenze begonnen. Heute sind nahezu alle Länder Ost- und Südosteuropas, die früher zum Warschauer Pakt beziehungsweise zu Jugoslawien gehörten, Mitglieder der NATO geworden. Die Europäische Union versuchte, ein Land nach dem andern in ihren Einflussbereich zu ziehen. Offensichtlich hatten die USA und andere Teiles des Westens kein Interesse mehr am Konzept der Gemeinsamen Sicherheit. Russland, so die Vorstellung in manchen Kreisen des Westens, gehört nicht zu Europa. Russland ist nach wie vor der Feind. Und als dann mit Präsident Putin noch sichtbar wurde, dass man keine gefügige und steuerbare Person an der Spitze Russlands haben würde, war die Bereitschaft, Russland in die eigene Welt einzubeziehen, endgültig beerdigt. Russland wurde wieder zum Gegner und Feind erklärt. Seitdem zimmern vielerlei politische Kräfte und Medien am neuen Feindbild.

Der Gegensatz zur heutigen Politik ist deutlich. In Zeiten der Entspannungs- und Vertragspolitik galt: Wir wollen ein Volk der guten Nachbarn sein. Symbolisch war der Kniefall Willy Brandts in Warschau; in der praktischen Politik des Westens, jedenfalls in Deutschland, galt, dass immer darauf geachtet werden sollte, Vertrauen zu bilden, Vertrauen zu erhalten. Heute begegnet man dem Vertrauen mit dem Vorschlaghammer. Sanktionen und aggressive Worte wie zum Beispiel »Verbrechen« für die sogenannte Annexion der Krim sind gängig geworden. Sanktionen sind zum Symbol aggressiver internationaler Beziehungen geworden.

Das ist eine gefährliche Entwicklung. Die Erfahrung mit dem Konzept »Wandel durch Annäherung« sollte einem eigentlich vermitteln, dass dieses Konzept auch umgekehrt realisiert werden könnte: Die neue Konfrontation, das Gegenteil der Annäherung, führt nahezu zwangsläufig zu einer neuen Auseinandersetzung und zur inneren Veränderung in Russland. Am deutlichsten wird das daran sichtbar, dass Russland sein Heil wieder einmal in der Roten Armee sucht. Diese wird modernisiert. Raketen und andere Waffen werden neu entwickelt und modernisiert. Das ist alles fatal, aber verständlich, vor allem im Blick auf die russische Geschichte mit den vielen Toten im Zweiten Weltkrieg. Die Erfahrung lehrt die Russen, dass die sowjetische Armee, die Rote Armee, die Rettung des Landes war. Darauf konzentriert sich die neue Politik. Und wir im Westen wundern uns darüber.

Obwohl Kenner der russischen Szene den Präsidenten Putin eher für einen Glücksfall als für ein Unglück halten, ist es im Westen gelungen, Putin voll in die Gruppe der Bösen in der Welt aufzunehmen. Er reitet mit nacktem Oberkörper auf einem Pferd, er lässt Oppositionelle verfolgen, er hat die Krim annektiert und macht eine expansive aggressive Militärpolitik. Weil ich die Methoden der Manipulation gerne systematisch studiere, habe ich es mir angewöhnt, mit vielerlei Menschen über das Verhältnis zu Russland und über Krieg und Frieden zwischen West und Ost zu sprechen. Nach meinen Beobachtungen funktioniert immer der gleiche Wippschaukeleffekt: Ja, so meinen meine Gesprächspartner in der Regel, wir sind ja auch für Frieden mit Russland. Aber der Putin!

Die Propaganda im Westen ist so professionell gemacht, dass inzwischen selbst Menschen, die sich früher zu den kritischen Geistern gezählt hätten, auf die Feindseligkeit gegenüber Russland eingeschwenkt sind. Der neue Kalte Krieg findet inzwischen nicht nur Nahrung bei strammen Anhängern der Jungen Union oder des RCDS wie damals in den 1950er Jahren, nein, heute finden sich darunter auch Intellektuelle und Kreise, die sich gerne linksliberal nennen. Eine verrückte, eine verkehrte Welt.

Wir Zeitzeugen stehen daneben und wundern uns. Vom Einfluss dieser neuen Stimmungsmacher können wir uns nur dann freihalten, wenn wir unentwegt hinterfragen, und nahezu nichts glauben. Und wenn wir uns an Ereignisse erinnern, die ansonsten rundum verschwiegen werden. Dazu will ich noch einmal auf die Rede des russischen Präsidenten im Deutschen Bundestag zurückkommen. Damals hat er eine umfassende Zusammenarbeit von Lissabon bis nach Wladiwostok vorgeschlagen. Warum greifen wir diesen Vorschlag nicht auf? Ganz einfach: weil die USA das nicht wollen.

7. Von Reformen zu »Reformen«

Mit dem schönen Begriff Reform ist in den letzten 20 Jahren Schindluder getrieben worden. Der Inhalt des Begriffs Reform ist zwischen den 1960er Jahren und der Schröder'schen Reformpolitik mit Agenda 2010 und anderen Veränderungen Anfang des neuen Jahrhunderts neu gefüllt worden. Der gute Klang wurde genutzt, das Wort wurde missbraucht. In der Wortkombination Reformstau wurde das Wort zum Hebel für Veränderungen hierzulande wie auch in anderen Ländern Europas, meist zulasten der Mehrheit der Menschen. Eine Supermanipulation mit großen Folgen.

Ursprünglich hatte der Begriff einen wohltuenden Klang. Ältere Menschen kannten das schon aus dem Geschichtsunterricht: Stein'sche Reformen.[10] Der Begriff wurde dann in den 1960er und 1970er Jahren wieder mit Inhalten gefüllt, durch politische Debatten und politische Entscheidungen: die Öffnung der weiterführenden Schulen und Universitäten für Kinder aus Arbeiterfamilien, die Bildungsreformen insgesamt, die Justizreformen Gustav Heinemanns und Horst Ehmkes, die Gleichberechtigung der Frauen. Dann die Ersetzung der Allphasenumsatzsteuer durch die Mehrwertsteuer. Die Dynamisierung der Kriegsopferrenten. Die Reform des Abtreibungsparagrafen 218. Die Lohnfortzahlung auch für Arbeiter im Krankheitsfall. Das Stabilitäts- und Wachstumsgesetz. Neue Konzepte für die Steuerreform. Das Städtebauförderungsgesetz. Die Schulgeldfreiheit. Die flexible Altersgrenze. Der Einstieg in den Umweltschutz, das Benzinbleigesetz und das Abwasserabgabengesetz. Die Öffnung der Rentenversicherung für Hausfrauen und Selbstständige. Krankenkassen für die Familien von Bauern. Das gleiche Kindergeld für alle und die Abschaffung der privilegierenden Kindersteuerfreibeträge. Dann Reformvorstöße für Mitbestimmung, ein besseres Betriebsverfassungsrecht, mehr Vermögensbildung in Arbeitnehmerhand und Vorstöße zur Bodenrechtsreform gegen Spekulation. Mehr öffentliche Leistungen. Der Bau von schnellen Schienenwegen.

Willy Brandt hatte in seiner Regierungserklärung am 28. Oktober 1969 etwas salopp gesagt: »Wir fangen erst richtig an.« Das war aber die richtige Begleitmusik für das, was von Seiten der damaligen Sozialdemokratie und der von ihr geführten Bundesregierung angestoßen und geleistet wurde. In seiner Regierungserklärung hat Brandt die meisten der zuvor genannten Reformvorhaben als Programm verkündet. Reformen zugunsten der Mehrheit und vor allem der lohnabhängig arbeitenden Menschen waren neben der Ostpolitik das zweite wichtige Standbein der ersten sozial-liberalen Koalition.

Die Gegenbewegung formierte sich schon Anfang der 1970er Jahre: Die Reformen wurden diskreditiert, sprachlich durch Worte wie »Reformitis«, »Reformklimbim« und »soziale Hängematte«. Gleich nach der Wahl 1972 kam die Kampagne der Konservativen gegen die angeblich viel zu hohen Abzüge von den Löhnen.

Dann wurde 1973 von Seiten der CDU/CSU die sogenannte »Tendenzwende« ins Spiel gebracht. Mit diesem Schlagwort wollten die Konservativen den Reformeifer der Sozialdemokraten und der linken Bewegung der Jugendlichen und Studenten unterlaufen. Es wurde als quasi dem Zeitgeist verpflichtet eine Abkehr von der Reformbereitschaft unterstellt. Der bewundernswerte Bonner Journalist der *Zeit* Rolf Zundel hat dazu am 13. Dezember 1974 unter der Überschrift »Tendenzwende – mehr als Einbildung« geschrieben:

»Nicht nur die Fakten haben sich geändert, sondern auch das politische Vokabular. Der CDU-Generalsekretär Biedenkopf hat jüngst geschrieben, die Revolution finde heute nicht mehr ›durch gewaltsame Besetzung der Zitadellen staatlicher Macht‹, sondern durch die Umwertung der Begriffe statt. Aber von all den Begriffen jedenfalls, mit denen die sozial-liberale Koalition vor fünf Jahren viele Wähler faszinierte, ist heute kein einziger mehr unbeschädigt: Reform, Emanzipation, Demokratisierung, sozialer Liberalismus oder demokratischer Sozialismus. Wer diese Worte benutzt, muß neuerdings eine entschuldigende Erklärung mitliefern. Der aufklärerischen Renaissance in der Bundesrepublik, so scheint es, war nur ein kurzes Leben vergönnt. Mittlerweile ist der Fortschritt an sich selber irre geworden.«[11]

Der Begriff Reform geriet in ein schlechtes Licht. Dies war nicht vom Himmel gefallen, sondern gemacht. In den Reihen der Sozialdemokratie wurde vom konservativen Flügel der Angriff auf Willy Brandts angeblichen Reformeifer mit der Behauptung angereichert, er habe zu hohe Erwartungen geweckt. Dieser Vorwurf war purer Nonsens. Denn ohne ein bisschen Erwartung zu wecken, ohne eine kleine Vision von der künftigen gerechteren und zukunftsfähigeren Gesellschaft konnte man Veränderungen in der damals wie heute verkrusteten Gesellschaft und Politik nur schwer durchsetzen.

Die Angriffe auf die Reformen der sozialliberalen Koalition zwischen 1969 und 1982 zeigten später eine besondere Wirkung. Der Begriff wurde schlicht und einfach neu definiert. Reform, das war in den 1970er Jahren der Begriff für Veränderungen zugunsten der Mehrheit der Menschen. Heute werden ständig Reformen gefordert, die den gut verdienenden und begüterten Menschen und Gruppen zugutekommen. Reformen, das waren und sind spätestens seit dem Jahr 2000 Veränderungen zulasten der Mehrheit: Flexibilisierung des Arbeitsmarktes, niedrigere Löhne, niedrigere Lohnnebenkosten und damit eine geringere Leistungsfähigkeit der sozialen Sicherungssysteme, Teilprivatisierung der Altersvorsorge, Abschaffung einer wirksamen Arbeitslosenversicherung, Deregulierung der Finanzmärkte, die Förderung der Spekulation, Privatisierung und Reduzierung der öffentlichen Leistungen für die Daseinsvorsorge.

Von Völkern, die diese Art von Reformen nicht mitmachen, sagt man, sie litten unter einem Reformstau. Sie hätten nicht verstanden, dass die Globalisierung diese Art von Reformen verlange.

So läuft die neue Propaganda – hierzulande politisch wirksam spätestens mit Beginn der Regierung Schröder im

Jahre 1998. Der Begriff Reform ist seitdem neu gefüllt. Ein wahres Wunderwerk der Manipulation. Den Agitatoren der neuen Zeit mit der angeblich neuen Globalisierung ist es gelungen, den Begriff Reform umzudeuten. Aus einem mit guten Veränderungen zugunsten der Mehrheit der Menschen verknüpften Begriff der Reformen wurde ein Reformbegriff, der vor allem den Begüterten und Gutverdienenden zugute kam und zulasten der Mehrheit der abhängig Arbeitenden gedacht war und in den Aufbau eines Niedriglohnsektors mündete.

8. Solidarität und Mitfühlen oder »Jeder ist seines Glückes Schmied«

Bei vielen Fragen unserer Zeit, bei vielen zu treffenden Entscheidungen, erleben wir einen Kampf der Weltanschauungen und gesellschaftspolitischen Grundeinstellungen, also unserer Lebensphilosophien, wenn man das so formulieren will, oder der Grundwerte, die uns leiten. Soll Egoismus das Zusammenleben bestimmen? Soll Solidarität das Zusammenleben bestimmen? Das sind keine abstrakten Fragen. An konkreten Beispielen lässt sich zeigen, dass der Kampf über diese grundsätzlichen Werte, die unser Zusammenleben bestimmen sollen, wirklich geführt wurde und geführt wird, heute allerdings weniger als früher. Die auf Empathie, Solidarität und Mitgefühl setzenden Menschen haben verloren, die Egoisten haben gewonnen. So stellt sich die Welt im Zeitalter der Herrschaft der neoliberalen Ideologie dar.

Ich muss zum Verständnis etwas weiter ausholen und dabei auch ein paar Geschichten erzählen: Vom Wahlkampf 1972 war in diesem Buch schon mehrmals die Rede. Damals wurde eine grundsätzliche Auseinandersetzung um die Werte, die unser gesellschaftliches Leben bestimmen sollen, geführt; sie führte zu der schon skizzierten Mobilisierung vieler Menschen. Es war schon beschrieben worden, dass damals Hunderttausende von Menschen gegen den Versuch des Großen Geldes, die Wahlentscheidung zu bestimmen, mobilisiert worden sind. Fünf Wochen vor der Wahl, am 12. Oktober 1972, fand der Wahlparteitag der SPD in Dortmund statt. Dort warb der Vorsitzende und Bundeskanzler Willy Brandt bei den Delegierten und mit Resonanz in einer breiten Öffentlichkeit darum, mit anderen Menschen mitzufühlen, solidarisch zu sein. Er nutzte den englischen Begriff *compassion*, weil sein Redenschreiber Klaus Harpprecht diesen Gedanken formuliert hatte und weil es im Deutschen keinen ähnlich treffenden Begriff gibt. *Compassion* kann man mit Barmherzigkeit und Mitgefühl übersetzen.

Dass ein leibhaftiger Bundeskanzler ein solches, das persönliche Zusammenleben betreffendes Wort nutzt, hat die Mehrheit der Menschen nicht gestört, eher beeindruckt und mobilisiert. Das ist interessant, weil normalerweise, auch damals, immer betont wurde, entscheidend für die Wahlentscheidung sei, dass die Kasse stimmt. Wirtschaftskompetenz sei wichtig, alles andere zweitrangig. Der konservative Flügel der SPD ist heute immer noch dieser Meinung und die SPD verliert unter seiner Vorherrschaft auch deshalb eine Wahl nach der anderen.

Im Gespräch mit dem Nachfolger Willy Brandts als Bundeskanzler, mit Helmut Schmidt, habe ich im Vorfeld mancher seiner Reden oder bei der Nachbetrachtung gelegentlich angemerkt, dass es nahezu in jedem Herz zwei verschiedene Welten gibt. Es gibt die altruistische Komponente, also die Bereitschaft für Mitgefühl und Empathie, und es gibt die eher egoistische, auf die eigene ökonomische

Versorgung und den Vorteil bedachte Komponente. Ich habe ihm damals empfohlen, die Menschen doch auch bei ihrer Bereitschaft, für andere Menschen mitzudenken und mitzufühlen, anzusprechen und nicht nur über das kalte ökonomische Interesse. Manchmal kam er dann nach einer Rede im nächsten Gespräch darauf zurück und berichtete, die Empfehlung sei richtig gewesen, seine Zuhörer hätten positiv darauf reagiert.

Der Widerstand gegen Willy Brandts *compassion* setzte übrigens schon ein Jahr später ein: Die *Bild*-Zeitung mobilisierte in Kombination mit den Oppositionsparteien CDU/CSU die Arbeiter und Angestellten gegen die Regierung mit dem Hinweis auf die hohen Abzüge für soziale Leistungen. Einige Jahre später setzte sich die neoliberale Ideologie vollends durch. Die Parole hieß nicht mehr *compassion*, sondern »Jeder ist seines Glückes Schmied«.

So ist das bis heute und für die Gegenbewegung gibt es bisher weder den Mut noch die Personen, die diese notwendige Aktion für eine solidarische Gesellschaft befeuern könnten. Und wollten!

Im Kampf um die herrschende Leitlinie und Ideologie gab es übrigens noch eine Variante auf einem wichtigen Nebenkriegsschauplatz: Der damalige Bundesverkehrsminister Volker Hauff hat zwischen 1980 und 1982 ausgelotet, eine generelle Geschwindigkeitsbegrenzung auf deutschen Autobahnen einzuführen. Er war damit in Gesprächen schon ziemlich weit geraten. Dann intervenierte der ADAC mit einer schlagenden Parole: »Freie Fahrt für freie Bürger«. Das gilt bis heute und hat eine verheerende Wirkung auf das Sparen von Energie, auf den Klimawandel und vor allem auf die Stimmung unter den Autofahrern sowie auf die Überlebenschancen aller Verkehrsteilnehmer*innen. »Freie Fahrt für freie Bürger« ist der Freifahrtschein für die Ellenbogengesellschaft.

Es gibt nicht nur freie Fahrt bei der Geschwindigkeit. Es gibt freie Fahrt beim rechts Überholen und sich in eine Lücke drücken, die gerade mal zwei Autolängen umfasst, und das bei 130 km/h. Es gibt freie Fahrt für so große Autos, dass man denkt, man hätte es mit Panzern oder mit Status- und Potenzsymbolen zu tun.

Aus meiner Sicht gibt es unter uns immer noch eine Mehrheit dafür, freundlich, sanft, human und solidarisch miteinander umzugehen. Aber diese Mehrheit kommt nur zusammen und kann nur mobilisiert werden, wenn sich jemand findet, die oder der dieses humane Potenzial anspricht. Allerdings ist diese potenzielle Mehrheit seit Jahren am Schrumpfen oder zumindest unsichtbar. Dafür sorgen die kommerziellen Fernsehsender und teilweise auch die Öffentlich-rechtlichen mit ihren aggressiven Sendungen für Jugendliche. Dafür sorgt der tägliche Umgang auf den Straßen, in manchen Kneipen und in einigen Familien.

Menschen, die selbst denken und sich zusammentun, könnten kleine Einheiten bilden, um die Gegenbewegung gegen die Freie Fahrt der sogenannten freien Bürger und den alltäglichen Egoismus aufzubauen.

9.   Keynes is out. Konjunkturprogramme bringen nichts außer Schulden

1966 war die Konjunktur in der alten Bundesrepublik eingebrochen. Das führte letztlich zu einem Regierungswechsel. Ludwig Erhard wurde als Bundeskanzler abgelöst. Bundeskanzler der Großen Koalition wurde Kurt-Georg Kiesinger (CDU), Bundeswirtschaftsminister Karl Schiller (SPD) und Bundesfinanzminister Franz Josef Strauß (CSU).

In einer gemeinsamen Anstrengung, vor allem getragen vom Sozialdemokraten Schiller wurde die Rezession mithilfe von Konjunkturprogrammen (7,8 Milliarden D-Mark) und einer gezielt eingesetzten Stimmungsmache überwunden und dabei auch die Lohnquote zugunsten der Lohnabhängigen verbessert.

In dieser beschäftigungspolitischen Aktion spielte Propaganda eine große Rolle – entsprechend der Erkenntnis, dass Wirtschaftspolitik zur Hälfte Psychologie ist. Karl Schiller war ein des Wortes mächtiger Politiker. »Die Pferde müssen wieder saufen«, verkündete er. Die Bundesregierung insgesamt warb mit einem nach oben gerichteten Pfeil und dem Slogan »Die Richtung stimmt« um eine bessere Stimmung. Diese Propaganda wirkte und hatte real eine positive Wirkung für sehr viele Menschen.

Insgesamt war das ein markanter Beleg dafür, dass die von dem britischen Nationalökonomen John Maynard Keynes propagierte Konjunktur- und Beschäftigungspolitik funktioniert. Keynes war in – so könnte man sagen.

Auf diese Erfahrung griff später die Bundesregierung Helmut Schmidt als Antwort auf den Konjunktureinbruch, den die Ölpreisexplosion im Oktober 1973 ausgelöst hatte, zurück. Auch die nordrhein-westfälische Landesregierung bediente sich im Landtagswahlkampf 1975 dieses Instrumentariums und der dafür notwendigen Propaganda. Der zentrale Slogan des dortigen Wahlkampfes lautete: »Den Aufschwung wählen«.

Die in der Wirtschaftskrise von 1966 und dann noch einmal 1975 praktizierte Konjunktur- und Beschäftigungspolitik wurde parallel dazu systematisch diskreditiert. Es wurde penetrant behauptet, der wissenschaftliche Pate dieser aktiven Beschäftigungspolitik, Keynes, sei nicht mehr relevant. »Keynes is out« war die verbreitete Parole. Dem damaligen

Bundeskanzler Helmut Schmidt wurde vorgehalten, er habe mehr als ein Dutzend Konjunkturprogramme aufgelegt und das habe alles nichts gebracht, außer Schulden.

Das stimmte nachweislich nicht. Mit der skizzierten keynesianischen Beschäftigungspolitik wurde der von der ersten Ölpreisexplosion verursachte Konjunktureinbruch korrigiert. Die Ziffern der Entwicklung des realen Bruttoinlandsproduktes zeigen das deutlich: 1975 gab es einen Einbruch von $-0,9$ Prozent, 1976 sprang die Konjunktur wieder an, mit real 4,9 Prozent, das war also eine Änderung von $-0,9$ auf $+4,9$ Prozent.[12] »Keynes is out« – die reine Propaganda. Glaube nichts!

Das galt auch noch zwei Jahre später: 1977 hat die Bundesregierung das sogenannte Zukunftsinvestitionsprogramm aufgelegt, genannt ZIP. Es umfasste 16 Milliarden D-Mark. Dieses Programm war mit den Ländern und Kommunen koordiniert. Viele sinnvolle Projekte wurden bis runter in die einzelnen Gemeinden vom Bund begleitet und gefördert. Das ifo-Institut hat damals in einem Gutachten berechnet, dass das ZIP 400 000 neue Arbeitsplätze gebracht habe. Typisch für den Zustand unseres Landes und die Vorherrschaft der Manipulation als Methode der Herrschaft ist, dass sich dieses Gutachten nicht mehr auffinden lässt, auch nicht beim ifo-Institut. Verschweigen, um gegenläufig agitieren zu können.[13]

Die Folgen der Agitation gegen eine aktive Beschäftigungspolitik waren und sind gravierend. Beschäftigungspolitische Krisen wurden nicht mehr systematisch mit staatlicher Konjunkturpolitik ausgeglichen. Das geschah nur noch gelegentlich, wenn es wie nach der Finanzkrise von 2007/2008 opportun war und man zum Beispiel mit der Abwrackprämie einer besonders bevorzugten Industrie, der Autoindustrie, etwas Gutes tun konnte.

Ansonsten war die Propaganda gegen eine aktive Beschäftigungspolitik wirksam. Sie war auch deshalb wirksam, weil sie Akteure auch außerhalb der Bundesregierung, im konkreten Fall die Bundesbank, animierte, mit der Zins- und Geldpolitik aktiv und immer wieder dämpfend einzugreifen. So wurde 1992 der Einheitsboom von der Bundesbank mittels einer Erhöhung des Leitzinses auf 8,75 Prozent abgewürgt. Diese Wahnsinnstat zog nicht nur in Deutschland die Konjunktur in den Keller (1991: 5,1 Prozent reales Wachstum, 1992: 1,9 Prozent, 1993: -1 Prozent.) Da waren nicht die Keynesianer gescheitert, da war der Bundesbank unter dem Druck ihrer eigenen Stabilitätspropaganda der Verstand abhandengekommen.[14]

Acht Jahre später leistete sich der Sachverständigenrat für die Begutachtung der gesamtwirtschaftlichen Entwicklung eine konjunkturpolitische Fehleinschätzung. Im Jahresgutachten 2000/2001, das am 29. November 2000 veröffentlicht wurde, stand im zweiten Absatz: »Die deutsche Wirtschaft befindet sich im Aufschwung.« So sehen die Daten für die Entwicklung des realen Bruttoinlandsproduktes für die drei folgenden Jahre aus: 1,2 Prozent, 0,0 Prozent, – 0,2 Prozent. Direkt im Anschluss an diese gutachterlich hinaus posaunte Fehleinschätzung hat Bundesfinanzminister Hans Eichel auf Empfehlung seines PR-Beraters entdeckt, dass man in Deutschland mit dem Etikett »Sparkommissar« wunderbar an Ansehen gewinnen kann. Die darin erkennbare, bewusst durch eine falsche Prognose bewirkte konjunkturelle Schwäche war dann einer der Anlässe für die Agenda 2010 und die Hartz-Reformen.

In allen erwähnten Beispielen ist durch nichts belegt, dass Konjunktur- und Beschäftigungspolitik im traditionellen keynesianischen Sinne nicht mehr möglich und sinnvoll seien. Diese Einschätzung ist das Ergebnis einer bewusst inszenierten Propaganda und einer besonderen Konstellation. Es gab eine bemerkenswerte Koalition gegen eine aktive Konjunkturpolitik, die sich in den 1970er Jahren herausbildete. Damals verweigerten neoliberal geprägte konservative Politiker und Wissenschaftler sich der Einsicht, dass man in konjunkturell schwachen Perioden beschäftigungspolitisch durch staatliche Investitionen und Ausgaben nachlegen muss. In die gleiche Richtung wirkte das Argument einiger marxistisch geprägter Wissenschaftler. Auch für sie hatte Keynes ausgedient. Stattdessen diagnostizierten sie, Marx habe recht behalten, der Kapitalismus ersticke an seinen Widersprüchen, im konkreten Fall der Überproduktion. Das ist ein guter Beleg und ein Beispiel für die Manipulationsmethode, eine Botschaft – Keynes is out – aus verschiedenen Ecken auszusenden. Dann wird die Aussage um vieles glaubwürdiger. Und sie wurde leider glaubwürdig. Der Treppenwitz der Weltgeschichte dieser Konstellation ist folgender: Die Konservativen und die wirtschaftsnahen Kreise wussten sehr wohl, warum sie die Konjunktur nicht anfeuern, sondern dämpfen wollten. Sie verbanden damit die Absicht, die Löhne zu drücken und soziale Leistungen einzuschränken. Wie geschehen mit der Agenda 2010. Die marxistisch geprägten Kreise folgten ihrem Glauben und betrieben das Geschäft des Neoliberalismus ante portas. Denn dieser war die Antwort auf das angebliche Scheitern der keynesianischen Nachfragepolitik.

Dies alles zu durchschauen ist für nationalökonomisch nicht gebildete Menschen ausgesprochen schwierig, das sei zugestanden. Aber wenn man ein eigenständig denkender Mensch bleiben will, dann muss man sich leider ein bisschen Wissen aneignen, jedenfalls sollte man vielfältig verbreiteten Parolen nicht hinterherlaufen. Eine solche Parole ist die Behauptung, Keynes sei out.

10. Vorbereitung und Begleitung der Agenda 2010

Die mit der Agenda 2010 eintretenden Einschnitte in die sozialen Sicherungssysteme wie beispielsweise in die Arbeitslosenversicherung und der mit der Agenda verbundene Aufbau eines umfassenden Niedriglohnsektors wurden propagandistisch systematisch vorbereitet.

Zu dieser Vorbereitung gehörte zum Beispiel eine in den 1990er Jahren und damit eine weit vorauslaufende Diskussion um den »Standort Deutschland«. In dieser Debatte wurde insinuiert, die Löhne und die soge-nannten Lohnneben-kosten seien zu hoch, die Sozialleistungen zu üppig und der So-zialstaat zu sehr aus-gebaut. Der nach der Bundestagswahl 1998 gewählte neue Bun-deskanzler Gerhard Schröder rief weni-ge Wochen nach der Kanzlerwahl das soge-nannte »Bündnis für Arbeit« zusammen.

Spiegel-Cover zum Bündnis für Arbeit.

Darin waren Wirtschaft, Gewerkschaften, Wissenschaft und Politik vertreten – als Helfer auch die Bertelsmann Stiftung.

Am 10. Mai 1999 erschien ein *Spiegel*-Titel, der die Beratun-gen im Bündnis für Arbeit aufgriff. Er ist ein Musterbeispiel für die damals laufende Agitation. Am Text der Titelge-schichte kann man gut studieren, auf was man achten muss, um sich vor Manipulationen zu schützen. Der gleiche *Spiegel* enthielt auch einen Essay der beiden Soziologen Wolfgang Streeck und Rolf Heinze. An beiden Dokumenten soll gezeigt werden, wie wir beeinflusst und manipuliert wurden. Außerdem sind beide Texte grandiose Beispiele und Belege dafür, wie die neoliberale Ideologie in unserem Land verbreitet worden ist. Die gängigen Vorstellungen dieser Ideologie – Deregulierung, Flexibilisierung, Privatisierung, Rückzug des Staates und insbesondere der Sozialstaatlichkeit – sind in diesen Texten ausgebreitet. Das war 1999, also immerhin fast vier Jahre vor Verabschiedung der Agenda 2010 im März 2003. Wir können an diesen Texten heute üben und prüfen, ob uns die Manipulationen und Täuschungen aufgefallen wären. Wegen dieser Möglichkeit zur Spiegelung auf das Ergebnis der damaligen Reformvorstellungen und Schritte sind die Texte interessant, auch wenn sie zugleich über weite Strecken eine geistige Zumutung darstellen.

Es gab eine Fülle anderer Vorgänge und Dokumente, mit denen die Agenda 2010 und die Hartz-Reformen vorbereitet wurden. Das sei ausdrücklich vermerkt. Aber an diesen beiden Dokumenten kann gezeigt werden, was wir tun können, um nicht immer wieder Opfer von gezielter Meinungsmache zu werden.

Noch eine Vorbemerkung: Die zitierten und kommentierten Dokumente zeigen, dass das Hinterfragen der propagierten Vorstellungen meist auch Fachwissen und eine gewisse Kompetenz voraussetzt. Andernfalls ist es schon sehr schwer, die präsentierten Parolen und Argumente zu durchschauen. Man kann sich helfen, indem man regelmäßig kritische Medien verfolgt oder sich in Büchern kundig macht.[15]

Zunächst also Texte und kritische Anmerkungen zu dem *Spiegel*-Titel »Aus Schröders Schublade: Der Plan. Radikalkur gegen die Arbeitslosigkeit« vom 10. Mai 1999. Was hier folgt, ist eine grandiose Hofberichterstattung:

»Schröders Denkfabrik

Abschied von der Arbeitslosigkeit? Nahezu unbemerkt von der Öffentlichkeit ließ das Bündnis für Arbeit die Misere auf dem Arbeitsmarkt schonungslos analysieren. Experten erstellten einen radikalen Umbauplan für Kanzler Schröder.«

Typisch die Berufung auf Experten. Unter den Experten waren Gewerkschafter, Vertreter der Wirtschaft, im Hintergrund Leute von der Bertelsmann Stiftung und maßgeblich zwei Soziologen, die offensichtlich den wirtschaftlichen Sachverstand einbringen sollten. An den Texten merkt man, dass schon dies nicht funktioniert.

»Helmut Schmidt war voller Stolz – auf sich und das Modell Deutschland: ›Die Bundesrepublik ist eine völlig intakte Firma; wir sind eine der allergesündesten Unternehmungen, die an der Weltwirtschaft beteiligt sind.‹ Das war Mitte der siebziger Jahre, die Deutschen wurden weltweit bestaunt für ihre Industriegesellschaft, die Wohlstand für alle schuf. Wenig später wurde Helmut Schmidt Kanzler. Schon am Ende seiner Amtszeit, 1982, zeigte das Vorbild Schwächen, die Staatsverschuldung stieg, die Arbeitslosenzahlen auch, ganze Branchen siechten dahin. … Seither ist nichts geschehen. Das Modell Deutschland, später 16 Jahre lang verwaltet von Weiter-so-Kanzler Helmut Kohl, ist noch immer in Betrieb, es ächzt und leckt und produziert Negativrekorde wie am Fließband: Millionen von Arbeitslosen, zu wenige Existenzgründer, vor allem hält es – geschmiert mit Milliarden staatlicher Kredite – einen Sozialstaat am Laufen, der vieles vernichtet: Eigeninitiative, Jobs, den Spielraum des Staates für Investitionen.«

In Zeiten Kanzler Kohls ist eine Menge geschehen. Vom Modell Deutschland konnte bei Kohl keine Rede mehr sein. Immerhin bestimmte seit September 1982 Wirtschaftsminister Otto Graf Lambsdorff mit seinen Reformvorstellungen neoliberaler Prägung mit. Die Gewerbekapitalsteuer und die Vermögensteuer waren schon abgeschafft worden. Die aktive Beschäftigungspolitik wurde begraben und die Konjunktur wurde von der Bundesbank mit unverantwortlichen Zinserhöhungen – siehe IV. 9. – zusätzlich gedämpft. Darauf lässt sich auch der massive Anstieg der Arbeitslosigkeit zurückführen.

Zum Sozialstaat gibt es die übliche Leier. Er sei schuld an den Krediten des Staates.

»Die globale Weltwirtschaft, in der jedes Produkt in (fast) jedem Land hergestellt werden kann, erzwingt ein Umdenken. Ein eigenes ›Modell Deutschland‹ kann es heute nicht mehr geben. Steuersätze, Sozialstandards, das Bildungsniveau, politische Stabilität – alles wird weltweit verglichen. Benchmarking heißt das Verfahren, mit dem Konzerne den für sie günstigen Standort wählen.

Die neue Regierung, angetreten mit dem Versprechen auf Modernisierung, kann sich diesem Wettbewerb der Nationen nicht entziehen. Den Deutschen steht eine Reform ins Haus, die viele, die diese Notwendigkeit jahrelang bestritten haben, jetzt als Revolution erleben werden.«

Der Wettbewerb der Nationen und die durch die »globale Weltwirtschaft« angeblich erzwungene Gleichschaltung der Steuersätze, Sozialstandards, Bildungsniveaus und so weiter ist eine der gängigen Behauptungen. Doch die Freiheitsgrade zur eigenständigen Gestaltung sind viel größer, als uns die neoliberalen Ideologen erzählen. Man kann es sehr gut am

Beispiel der Altersvorsorge klarmachen: Eine intakte gesetzliche Rente wie in Österreich ist offensichtlich nicht weniger produktiv für die gesamte Volkswirtschaft als die von Schröders Beratern forcierte Teilprivatisierung der Altersvorsorge. Was soll an diesen Vorsorgemodellen produktiver sein als das Umlageverfahren und die gesetzliche Rente? An diesem Beispiel, wie an vielen anderen auch, kann man klarmachen, dass eigene Modelle und verschiedene andere Modelle durchaus nebeneinander existieren können.

Ein Beispiel sei noch genannt: Soll die Auflösung fester Arbeitsverhältnisse und soll Leiharbeit volkswirtschaftlich produktiver sein als feste Arbeitsverhältnisse? Wer das behauptet, lebt hinter dem Mond, was wohl für einige der Damen und Herren in der Runde des Bündnis für Arbeit zutrifft.

> »Schröder hat begriffen, daß er handeln muß. Hinter den Kulissen ist längst etwas in Bewegung geraten. In Gesprächskreisen erörtern Gewerkschafter, Arbeitgeber und Regierung seit Monaten die Lage. Ihr Vorbild ist das Bündnis für Arbeit, so wie es in den Niederlanden vor 15 Jahren begonnen wurde.
>
> Dort fanden die Reformwilligen schließlich zu einer Generalüberholung des Staatswesens zusammen: Steuern wurden gesenkt, der Staat zog sich zurück aus Teilbereichen der Rentenversicherung und der Krankenkasse. Der Zugang zum Arbeitsmarkt wurde geöffnet, flexiblere Arbeitszeiten und flexiblere Löhne wurden verabredet – und durchgesetzt.«

»Generalüberholung des Staatswesens« – bei solchen Übertreibungen merken wir ganz schnell, wohin der Hase läuft. Und weiter im Text einer bemerkenswerten Hofberichterstattung des Nachrichtenmagazins *Der Spiegel*:

»Seit Regierungsantritt tagt eine solche Runde auch hierzulande, unter Führung und Moderation von Schröder und Kanzleramtsminister Bodo Hombach soll sie das wichtigste Erfolgsinstrument sein: Plattform für die neue Mitte, Antriebsturbine für seine neue Politik, Verhandlungstisch für die wichtigsten Konflikte dieser Gesellschaft.

Unbemerkt von der Öffentlichkeit ist Schröders ›Denkfabrik‹ für die kurze Zeit weit gekommen. Fachleute haben für das Bündnis einen großen Umbauplan aufgeschrieben, der möglich machen soll, was der SPD-Kanzler seinen Wählern versprochen hat: Arbeit, Arbeit, Arbeit.

Im Kern fordern die Regierungsreformer den Paradigmenwechsel – weg von den starren Regeln der Industriegesellschaft hin zur flexiblen Dienstleistungskultur. Das ›industrielle Beschäftigungsmodell‹, heißt es da, könne keine ›universelle Geltung‹ mehr beanspruchen.

Der Wandel zur Servicegesellschaft, erläutern die Autoren, bedeute quer durch die Gesellschaft einen radikalen Neuanfang: ›Dienstleistungen brauchen, das zeigen andere Länder, ein anderes Arbeitsregime als die Industrie: andere Arbeitszeiten, andere Entlohnungsformen, andere Formen der sozialen Sicherung.‹ Vom Rentenbescheid bis zur Stechuhr bleibt fast nichts mehr, wie es war.«

In Kategorien wie »Industriegesellschaft« und »Servicegesellschaft« zu denken ist typisch für Soziologen. Für diese ist die Welt in Ordnung, wenn sie sie klar in Kategorien einteilen können. So klar ist die Wirklichkeit aber nicht. Spätestens heute müssten auch die Soziologen erkennen, dass die Aufteilung in diese Kategorien schlicht und einfach Blödsinn ist. Ist die Industrie hierzulande verschwunden? Gehören Maschinen und Automobile zur Dienstleistungsgesellschaft? – Hinterfrage alles.

»Die Grundzüge des Konzepts liegen bereits in den Schubladen des Kanzleramts. Nun haben die wichtigsten Autoren, der Direktor des Kölner Max-Planck-Instituts für Gesellschaftsforschung, Wolfgang Streeck, und Rolf Heinze, Professor an der Uni Bochum, ihre Ideen in einem Aufsatz zusammengefaßt (siehe Seite 38). Der Ansatz ist radikal, weil er unsentimental Abschied nimmt von der alten Industriegesellschaft, die jedem einen Job in einer Firma versprach – und weil er den Nutzen der staatlichen Rundumversorgung in Frage stellt.«

Ja, die beiden Herren haben Abschied genommen von der »alten Industriegesellschaft«. Aber mein einer Nachbar fährt jeden Tag zum Daimler zur Schicht. Der andere fährt auf seine Baustelle. Wieder andere fahren zu SAP nach Walldorf oder zur BASF nach Ludwigshafen. Was soll da eine bemühte Einteilung in Industriegesellschaft und Dienstleistungsgesellschaft?

Interessant ist die Rolle, die die Wissenschaftler Streeck und Heinze bei der Vorbereitung der Agenda 2010 gespielt haben. Eine maßgebliche. Darauf bin ich schon in einem Beitrag für die NachDenkSeiten eingegangen.[16]

Es folgen einige Zitate aus diesem im *Spiegel* abgedruckten Opus.[17] Dort lauten die Überschrift und der Vorspann:

»An Arbeit fehlt es nicht – Von Streeck, Wolfgang und Heinze, Rolf. Die bisherige Beschäftigungspolitik ist gescheitert, eine radikale Wende unumgänglich: Im Dienstleistungssektor könnten Millionen neuer Arbeitsplätze entstehen. Ein Reformprogramm von Wolfgang Streeck und Rolf Heinze.«

Der Beitrag enthält neben einigen richtigen kritischen Bemerkungen über die in den 1990er Jahren praktizierte Politik,

Menschen in den Vorruhestand zu verabschieden, nahezu alles, was man sich als Pauschalurteile über unsere Gesellschaft, ihre Probleme und Entwicklungsmöglichkeiten auf der Straße der Nachplapperei zusammenlesen kann.

Zum Beispiel: Die bisherige Beschäftigungspolitik ist nicht gescheitert, sie ist nicht mehr konsequent angewandt worden und sie ist von der Bundesbank massiv konterkariert worden. Siehe dazu IV.9.

> »Alle entwickelten Industriegesellschaften haben in den letzten Jahren neue Beschäftigung fast ausschließlich im Dienstleistungssektor aufbauen können. Dienstleistungen schaffen Jobs.«

Die Autoren pflegen die abstruse Vorstellung, die Arbeitsmärkte für Industrie und Dienstleistung seien getrennt und trennbar – der eine Arbeitsmarkt für hohe Löhne, der andere für niedrige Löhne. Sie haben die Vorstellung, dass die Arbeitsproduktivität im Dienstleistungsbereich wesentlich geringer sei. Außerdem sind nach ihrer Vorstellung die Produktivitäten und Produktivitätsunterschiede im Zeitablauf offenbar starr.

Die Lösung: der Aufbau eines Niedriglohnsektors:

> »Die wirklichen Schwierigkeiten bestehen dort, wo es um die Expansion geringproduktiver Beschäftigung geht, deren Entlohnung notwendigerweise ebenfalls niedrig sein muß. Beschäftigungspolitisch erfolgreichere Länder unterscheiden sich von uns vor allem dadurch, daß sie sich viel schneller als wir dazu haben durchringen können, die hier bestehenden Beschäftigungspotentiale zu nutzen.«

Ihre Empfehlungen leiten sie wesentlich von internationalen Vergleichen ab. USA, Niederlande, Dänemark – das sind die

Vorbilder. In den Augen der Autoren führt die Senkung der Lohnnebenkosten zu mehr Arbeitsplätzen. Hier gilt: Glaube nichts.

Die Vorstellung der beiden Autoren entspricht dem, was wir dann im sogenannten Kanzleramtspapier Ende Dezember 2002 nachlesen konnten. Neben dem Kanzleramt scheinen auch Streeck und Heinze davon auszugehen, dass sowohl im Bundesfinanzministerium als auch bei den gesetzlichen Rentenversicherungen und Krankenkassen Goldesel im Keller stehen, die die gestrichenen Sozialbeiträge (= Lohnnebenkosten senken) ausgleichen oder dass notfalls Altersarmut hingenommen wird. Heute können wir die Bescherung schon besichtigen.

Wir erfahren von den Autoren auch, dass sich die Teilnehmer am Bündnis für Arbeit, also auch die daran beteiligten Gewerkschafter, auf eine weitere Senkung der Lohnnebenkosten geeinigt haben.

»Die Teilnehmer am Bündnis für Arbeit haben sich deshalb schon bei ihrem ersten Zusammentreffen am 7. Dezember 1998 auf eine weitere Senkung der Lohnnebenkosten geeinigt. Um so unverständlicher erscheint es, daß sich die Entlastungsdebatte in letzter Zeit ausschließlich auf die Einkommens- und Körperschaftsteuer konzentriert. Im internationalen Vergleich ist die Abgabenbelastung der deutschen Wirtschaft erst dann wirklich hoch, wenn man die Sozialbeiträge einrechnet; und alles spricht dafür, daß mit einer Senkung der Sozialbeiträge ungleich größere Beschäftigungseffekte erzielt werden können als mit einer Steuersenkung.«

Es ist wirklich erstaunlich, dass zwei erfahrene, kenntnisreiche Professoren nicht sehen oder nicht sehen wollen, dass

Lohnnebenkosten ein anderes Wort für Sozialversicherungs-
beiträge ist. Diese Beiträge sind die Basis der Altersvorsorge
oder der Krankenversicherung beziehungsweise der Pfle-
geversicherung. Wenn man die Beiträge kürzt, dann bleibt
weniger für die soziale Sicherung bei Krankheit, im Alter und
bei Pflegebedarf.

Die Autoren freuen sich über das »Scheitern der Nachfragetheorie« und speziell über das Scheitern des damals
gerade zurückgetretenen Finanzministers und SPD-Partei-
vorsitzenden Oskar Lafontaine. Alle jene, die nunmehr seit
über einem Jahrzehnt und mit Recht für die Stärkung der
Binnennachfrage eintreten, werden als Vulgär-Keynesianer
abgewatscht. Diese Passage ist so schön, dass sie komplett
zitiert werden sollte:

>»Der von Teilen der Bundesregierung und der SPD nach dem
Regierungswechsel vertretene Vulgär->Keynesianismus< war
geeignet – und möglicherweise dazu konzipiert –, den Vertei-
digern der deutschen Hochpreisversion des Normalarbeits-
verhältnisses zu suggerieren, daß eine neue Geld- oder gar
eine aggressivere Lohnpolitik ihnen die Anstrengungen und
Risiken eines institutionellen Umbaus ersparen könnten. Mit
dem Rücktritt des Finanzministers und Parteivorsitzenden
ist dieser Hoffnung endgültig, glücklicherweise schon vor
Eintritt bleibender Schäden, der Boden entzogen worden.

Das politische Scheitern der >Nachfragetheorie< lenkt die
Aufmerksamkeit zurück auf die institutionellen Reformen,
ohne die unser Beschäftigungssystem nicht wieder inklusiv
werden kann. Dabei muß nicht geleugnet werden, daß positive Beschäftigungseffekte auch von einer Stärkung der
Binnennachfrage ausgehen können. Allerdings wird deren
Ausmaß davon abhängen, wie weit die institutionellen Reformen vorangekommen sind …«

Diese sogenannten Experten, ihres Zeichens Soziologen, behaupten, die Nachfragetheorie sei gescheitert. An diesem eklatanten Beispiel sieht man, wie wichtig es ist, sich diese primitive Methode der Manipulation, die Berufung auf Experten, zu merken.

Die Autoren empfehlen, dass wir unsere Gerechtigkeitsvorstellungen überarbeiten:

»Letzten Endes aber erfordert die Öffnung von Wirtschaft und Gesellschaft für einen nachhaltigen Beschäftigungsaufbau im Dienstleistungssektor ein Überdenken von Gerechtigkeitsvorstellungen, die aus der Industriegesellschaft und der Vollbeschäftigungswirtschaft der Nachkriegszeit stammen.«

Hier hilft einfaches kritisches Hinterfragen: Wieso sollten unsere Gerechtigkeitsvorstellungen aus der »Industriegesellschaft« stammen? Wenn man schon so unsinnig aufteilt, dann die Frage, warum sollten in der Dienstleistungsgesellschaft diese Gerechtigkeitsvorstellungen nicht gelten?

20 Jahre später, also heute, zeigt sich an vielen Stellen, wie bestellt und einer gesellschaftspolitischen Ideologie verpflichte, die im Bündnis für Arbeit beratenen und von dort empfohlenen Vorstellungen sind und wie problematisch:

■ Der angepeilte große Niedriglohnsektor hat sich ganz und gar nicht als Segen erwiesen.

■ Die Fixierung auf den Hebel »Senkung der Lohnnebenkosten« hat wesentlich zur Verschärfung der Altersarmut beigetragen.

■ Deutschland hat immer noch einen relativ großen Industriesektor. Schon das allein verbietet die Aufteilung in Industriegesellschaft und Dienstleistungsgesellschaft. Bei

Soziologen mag das eine für die interne Kommunikation wichtige Aufteilung sein. Sachlich weiter bringt sie uns nicht.

- Wir merken heute, wie wichtig gesicherte Arbeitsverhältnisse sind. Sie sind kein Hindernis für Produktivität, im Gegenteil. Das kann man eigentlich als ganz normaler Mensch schon wissen. Unsicherheit ist nicht produktiv. Aber das hatte sich nicht bis zum Bündnis für Arbeit herumgesprochen.

Gut drei Jahre nach der Veröffentlichung der Grundlinie des Bündnisses für Arbeit im *Spiegel*, im Herbst 2002, waren Bundestagswahlen. Die Wiederwahl der Regierung Schröder war nicht gesichert. Im letzten Moment gelang es, die Gewerkschaften als Unterstützer der Regierung Schröder zu mobilisieren.

Offensichtlich hatten dann nach der Wahl die Strippenzieher im Hintergrund die Sorge, Gerhard Schröder würde sich bei den Gewerkschaften für ihre Unterstützung bedanken wollen oder müssen. Offensichtlich ließ sich der *Spiegel* dann wieder einmal instrumentalisieren. Am 18. November 2002 erschien dieser *Spiegel*.

Spiegel-Cover mit »Genosse Schröder«.

Der Titel war eine völlige Überraschung. Nur wenige vermochten diesen Schachzug einzuordnen. Man konnte das aber. Es wurde schon auf dem Titel unterstellt, Schröder werde von der sogenannten Neuen Mitte abrücken und den Gewerkschaften zu viele Zugeständnisse machen. Im Text selbst waren an mehreren Stellen Behauptungen über solche angeblich schon gemachten Zugeständnisse enthalten. Es ist nicht auszuschließen, dass Gerhard Schröder selbst oder Bodo Hombach, sein Helfer mit vielen Medienkontakten, diesen Titel dem Sinne nach angeregt haben.

Gut einen Monat später wurde im Dezember 2002 ein sogenanntes Kanzleramtspapier öffentlich. Ein »geheimes« Papier. Dort war wiederum die Behauptung gepflegt und wiederholt, die Lohnnebenkosten seien schuld an der Arbeitslosigkeit und deshalb müsse man sie senken. Das lag ganz auf der Linie dessen, was schon beim Bündnis für Arbeit besprochen worden war.

Es kam dann, wiederum im *Spiegel*, am 30. Dezember noch ein Essay des Juraprofessors und Schriftstellers Bernhard Schlink.[18] Auch in diesem Text wird für Reformen geworben und es wird beklagt, dass sich die Gewerkschaften gegen die Arbeitsmarkt- und Rentenreform sperren könnten.

Auch das schien mir damals wie der *Spiegel*-Titel vom 18. November 2002 und das Kanzleramtspapier vom Dezember 2002 Teil der Strategie zur Durchsetzung der Agenda 2010.

Was damit empfohlen werden soll: Wenn wir uns gegen Manipulationen schützen wollen, dann müssen wir das Geschehen aufmerksam beobachten, nicht allzu viel glauben und viel hinterfragen und Zusammenhänge herstellen. Das geht im Übrigen besser mit anderen zusammen als allein.

11. Die Auflösung der Deutschland AG und die verschwiegene Steuerbefreiung für Veräußerungsgewinne der großen Vermögen

Wunderbar, dachten bestimmte Kreise, als sie von Bundeskanzler Gerhard Schröders Absicht hörten, die Deutschland AG aufzulösen. Der Begriff Deutschland AG transportierte unterschwellig den Eindruck von Machenschaften über die Grenzen einzelner Unternehmen hinweg – ein Geflecht von Macht und Interessen jenseits demokratischer und ökonomischer Kontrolle. Gemeint war eine in der Tat fragwürdige enge Verflechtung von einzelnen Personen der deutschen Wirtschaft, die zum Beispiel als Vorsitzender des Vorstands einer Aktiengesellschaft dann im Aufsichtsrat von einigen anderen Unternehmen saßen und vice versa. Dieser Zustand wäre ein Grund für eine Reform des Aktienrechts gewesen, aber nicht für das, was dann – befördert von einer grandiosen Steuerbefreiung – geschah: der Verkauf einiger Tausend Unternehmen und Unternehmensteile an große, meist angelsächsische Kapitalgruppen und Hedgefonds. 2009 waren es schon 6000.

Die Agitation zur Auflösung der Deutschland AG begleitete eine förderliche Gesetzgebung: Um den Verkauf von Aktienpaketen oder einzelner Unternehmen insgesamt zu erleichtern, wurden zum 1. Januar 2002 die dabei realisierten, also offengelegten Gewinne, steuerfrei gestellt. Das ist ein großes Privileg, bei jedem anderen unternehmerisch tätigen Menschen wird der Gewinn durch Vergleich der Vermögenswerte zum Anfang und zum Ende der Wirtschaftsperiode ermittelt und muss versteuert werden. Nicht so hier.

Es gab spektakuläre relevante Fälle – so zum Beispiel den Verkauf eines Aktienpakets der Beiersdorf AG, die Nivea produziert, durch die Allianz AG an Tchibo und an eine Vermögensverwaltungsgesellschaft der Stadt Hamburg. Erlöst wurden dabei 4,4 Milliarden Euro. Der Gewinn, der dank des neuen Gesetzes zur Förderung der Auflösung der Deutschland AG steuerfrei anfiel, wird auf 1 Milliarde Euro geschätzt. Ein wunderbares Geschenk an die Allianz AG.

Das geschah 2002 und es geschah in den vergangenen 17 Jahren immer wieder. Ein neuer, 2018 und 2019 realisierter Fall ist der Verkauf der Kabelgesellschaft Unitymedia vom bisherigen Eigentümer Liberty Global aus Großbritannien an Vodafone. Dabei wurden für das deutsche Netz ca. 7 Milliarden Euro erlöst. Steuerfrei.

Die Auflösung der Deutschland AG, das heißt der Verkauf vieler deutscher Unternehmen an Hedgefonds und Private-Equity-Gruppen, hat inzwischen zur Folge, dass Großanleger wie Blackrock, Blackstone , KKR und andere direkten Zugriff auf die Unternehmensführung und Gestaltung in Deutschland gewonnen haben.

Der frühere Vorstandsvorsitzende von Porsche, Wendelin Wiedeking, von dem man halten kann, was man will, hat zur skizzierten Steuerbefreiung das Richtige gesagt:

>*SPIEGEL*: »Die Regierung hat auch den Verkauf von Firmenbeteiligungen steuerfrei gestellt. Dies sollte dazu führen, dass die Verflechtung zwischen Banken und Konzernen aufgelöst wird und neuer Schwung in die sogenannte Deutschland AG kommt. War das nicht ein sinnloses Steuergeschenk an gut verdienende Konzerne?

Wiedeking: Das muss man wohl so sehen. Dem Lobbyisten, der das erreicht hat, müssten die Banken einen dicken Sonderbonus zahlen. Denn was ist jetzt die Folge? Monopoly auf Steuerzahlerkosten. Banken und Versicherungen verkaufen Industriebeteiligungen. Und mit dem Erlös kaufen sie andere Banken oder Versicherungen. Die Verkrustung der

Wirtschaft, die damit ursprünglich einmal aufgelöst werden sollte, wird so bestimmt nicht geringer.«[19]

Dieser Vorgang ist im Übrigen auch ein gutes Beispiel dafür, wie wir durch Verschweigen manipuliert werden und wie gravierend dieses Verschweigen ist. Mit ein bisschen Hinterfragen, mit einer gesunden Skepsis, Parolen wie jene von der Auflösung der Deutschland AG nicht zu glauben und nicht zu trauen, kann man solche Vorgänge schnell durchschauen.

Der Vorgang ist auch deshalb interessant, weil durch die Steuerbefreiung viel mehr Steuereinnahmen verloren gehen, als durch die Wiedereinführung der Vermögensteuer je erreicht werden kann. Dennoch, dieser Hinweis ist keine Kritik an dem Vorhaben, die Vermögensteuer wieder einzuführen.

12. Die Sozialdemokratisierung der Union – ein Meisterstück an Irreführung

Angela Merkel ist auf dem Feld der Öffentlichkeitsarbeit wahrlich eine große Strategin. Sie hat es, auch dank der Unterstützung wichtiger Publizisten, geschafft, höchst fragwürdige Botschaften über sich und ihre Politik zu platzieren. Ein erstes, großes Beispiel ist die Behauptung, die CDU/CSU und Merkels Politik seien »sozialdemokratisiert«. (Das Wort meint natürlich nicht sozialdemokratisiert im Sinne der Schröder'schen Agenda-Politik, sondern im ursprünglichen Sinne einer sozial engagierten und der Demokratie verpflichteten Bewegung.) Die verbreitete Botschaft von der Sozialdemokratisierung der Union glauben sehr viele Menschen, wahrscheinlich die Mehrheit.

Die strategische Bedeutung dieser Behauptung ist groß und wirkt auf zweierlei Weise: Zum einen wird damit das

Wählerpotenzial der Union weit in den Bereich der ehedem sozialdemokratischen Wähler erweitert. Zum anderen wird mit dieser Parole die Koalitionsoption der Union in Richtung Schwarz-Grün erweitert. Wenn die Union und Frau Merkel sozialdemokratisiert sind, dann ist es auch für den Rest der verbliebenen linken Grünen kein Problem, mit der Union eine Koalition einzugehen.

Zu den wichtigsten Zeugen und Stützen der Behauptung gehört der große Kommentator der *Süddeutschen Zeitung* Heribert Prantl. »Die CDU hat seit 2005 ihre Wirtschafts- und Sozialpolitik erfolgreich sozialdemokratisiert«, schrieb er am 7. Oktober 2009. Cora Stephan fragt am gleichen Tag im *Deutschlandfunk* im Blick auf die damaligen Koalitionsverhandlungen zwischen FDP und CDU/CSU: »Rechtsruck?« und antwortet sich selbst: »Ach was. Angela Merkel hat die Wahl gewonnen, jene Frau, die es geschafft hat, die Christdemokratische Partei Deutschlands in eine aus tiefstem Herzen sozialdemokratische Kraft umzuformen.«

Das war vor rund zehn Jahren und wurde immer wieder so erzählt. Die Agitation war so wirksam, dass auch der rechte Flügel der Union die These vom Linksruck der Union Angela Merkels glaubt und sich deshalb zum Widerstand in rechtskonservativen Zirkeln organisiert.[20]

Im Juni 2019 hat sich der ehemalige Professor der Bundeswehrhochschule München, Michael Wolffsohn, in der *Neuen Zürcher Zeitung* geäußert.[21] Aus seiner Sicht ist das ganze Land sozialdemokratisiert und die Mission der SPD erfüllt. Wörtlich: »Sozialdemokratisches ist längst nicht mehr das Monopol der Sozialdemokratie. Es ist Allgemeingut.«

Wir leben in einer Zeit, die wesentlich von neoliberaler Ideologie und ebensolchen Taten geprägt ist, und das genaue Gegenteil wird unter die Leute gebracht. Das ist perfekte Meinungsmache und kein Zufall.

Schön zu beobachten ist, dass auch die eigentlich nicht zu glaubende Botschaft vom sozialdemokratischen Charakter der CDU und des ganzen Landes aus verschiedenen Ecken ausgesand wird: vom linksliberalen Prantl und vom rechtskonservativen Professor Wolffsohn sowie von den rechtskonservativen neuen Zirkeln in der Union. Und sie wird sehr oft wiederholt und affirmativ vorgetragen. Was bleibt uns da anderes übrig, als die Botschaft zu glauben.

Die These von der Sozialdemokratisierung Merkels und der Union lässt sich auf ein paar kleine fortschrittliche Reformen stützen. Angela Merkel hat zwar der »Ehe für alle« im Deutschen Bundestag nicht zugestimmt, aber sie hat die Abstimmung zur Gewissensfrage erklärt und damit laufen lassen. Das reichte schon zur progressiven Imagebildung. Merkels offene Arme für Flüchtlinge haben ein Weiteres dazugetan. Aber von Sozialdemokratisierung kann nun wahrlich keine Rede sein: Angela Merkel hat die Rüstungspläne von Ursula von der Leyen immer gestützt. Sie hat sich im gesamten Konflikt zwischen West und Ost nie ernsthaft aus der Allianz mit den USA und der NATO hinausbewegt. Sie hat die Sanktionen gegen Russland widerspruchslos mitgemacht. Angela Merkel hat nichts getan, um die Altersvorsorge der Mehrheit der Menschen zu stützen. Sie hat Privatisierungen auch im sozialen Bereich unterstützt. Sie war nie für sozialdemokratisch geprägte Beschäftigungsprogramme und rühmte sich stattdessen der Schwarzen Null. Sie schmückt sich mit den Exportüberschüssen, ohne zu bedenken, was das für den Zusammenhalt Europas bedeutet.

Angela Merkel hat die ärgerlichen, wahrlich nicht fortschrittlichen Personalentscheidungen der letzten Zeit gedeckt und vermutlich mit eingefädelt: den Aufstieg von der Leyens zur Präsidentin der EU-Kommission, den Aufstieg von Kramp-Karrenbauer, dieser aus den 1950er Jahren übrig gebliebenen Kalten Kriegerin, zur Vorsitzenden der CDU und Bundesverteidigungsministerin.

Sich der Parole von der Sozialdemokratisierung zu widersetzen, ist ausgesprochen schwierig, weil sie in weiten Kreisen verankert ist. Und weil die SPD selbst in einem so desolaten Zustand ist, wurde von dort auch nicht widersprochen. Umso wichtiger ist es, dass möglichst viele Bürgerinnen und Bürger diese groß angelegte Manipulation erkennen und ihr widersprechen.

13. Der gemeinsame Nenner von etablierten Medien und Politik: Gedankenlosigkeit

Sichtbar wird das heute bei der Digitalisierung in den Schulen wie vor drei Jahrzehnten bei der Vermehrung und Kommerzialisierung der Fernsehprogramme. Als am 21. Februar 2019 der Vermittlungsausschuss den Digitalpakt verabschiedete, gab es bei Politikern wie Medien nur freudig strahlende Gesichter. Typisch für die Stimmung war bei *Spiegel Online* zu lesen: »Endlich raus aus dem Schlafmodus.« Obwohl Vertreterinnen und Vertreter der Hirnforschung seit Jahren vor dem gedankenlosen Einsatz digitaler Medien bei Kindern warnen, tun Medien und Politik mehrheitlich so, als gäbe es diese Bedenken nicht. Kinder und Jugendliche brauchen (auch) anderes als den Umgang mit digitalen Medien. Bewegung, Spiel und personale Kommunikation zum Beispiel.

Offensichtlich ist solche Nachdenklichkeit heute nicht gefragt und wird von Politik und Medien auch nicht geboten. Das vordergründig Wichtige und Moderne wird begrüßt, gefordert und umgesetzt. Mich erinnert das an einen ähnlichen Vorgang zwischen 1978 und 1984. Damals stand die

Frage an, ob der Bund einige Hundert Millionen Euro in die Verkabelung von elf deutschen Städten stecken solle, um die Übertragung von viel mehr Fernsehprogrammen möglich zu machen. Dieser Schritt wäre zugleich der Schritt in die Kommerzialisierung der Fernseh- und Hörfunkprogramme gewesen. So war zu erwarten.

Der damalige Bundeskanzler Schmidt hat dieses Geld verweigert und in einem großen Essay in der Wochenzeitung *Die Zeit* begründet, warum er diese Entwicklung für falsch, jedenfalls für fragwürdig hielt.[22] Dabei spielten Überlegungen zur Aufteilung der Kommunikation in personale und elektronische Kommunikation eine Rolle. Die Spitze der Bundesregierung machte sich Gedanken darüber, welche Folgen 30 Fernsehprogramme für die Kommunikation in unseren Familien haben würden; und selbstverständlich auch darüber, was die Kommerzialisierung für die politische Kommunikation und für die Demokratie bedeuten würde. Eine Mehrheit der Deutschen hat diese Gedanken geteilt und eine Regierung gestützt, die sich von der Gedankenlosigkeit verabschiedet hatte.

Dann kam im September 1982 der politische Wechsel zu Helmut Kohl. Sein Postminister Christian Schwarz-Schilling und er selbst betrieben sofort die angeblich so fortschrittliche Verlegung von Fernsehverteilnetzen und anderen technischen Möglichkeiten. 1984 startete Deutschland in die schöne neue deutsche Fernsehwelt. Zehn Jahre später jammerten dann die Täter über das, was sie angerichtet hatten. So zum Beispiel Bernhard Vogel, der damals für die Medienpolitik zuständige CDU-Politiker. Günther Oettinger, der später Vorsitzender der CDU-Medienkommission war, sprach 2008 vom »Scheiß-Privatfernsehen«.

So wird es auch jetzt verlaufen. Wenn das Kind in den Brunnen gefallen ist, wenn wir merken, was wir unseren

Kindern mit der massiven Förderung der Digitalisierung an den Schulen angetan haben, dann wird auch hierzulande möglicherweise gejammert. Oder man steckt den Kopf in den Sand und will nichts gewusst haben und nicht verantwortlich sein.

Damit keine Missverständnisse entstehen: Es ist durchaus wichtig, dass Jugendliche lernen, mit digitalen Medien umzugehen. Die Frage ist jedoch, welchen Raum das eine und das andere im Leben unserer Kinder und Jugendlichen haben sollte.

Wenn wir nicht immer wieder wegen der gängigen Gedankenlosigkeit so massive Fehler wie bei der Vermehrung der Fernsehprogramme und ihrer Kommerzialisierung machen wollen, dann muss die Zahl von Menschen, die nachdenken, hinterfragen und selber denken, wachsen. Wir brauchen dieses Salz in der Suppe.

14. Die Mär von der New Economy und die Blase am Neuen Markt

Der hier zu schildernde Vorgang ist ein wunderbares Beispiel dafür, dass auch Wissenschaftler in angesehenen Ämtern und das Spitzenpersonal der Finanzwirtschaft auf modische Parolen hereinfallen, und noch schlimmer, dass ganz normale Menschen mit ein bisschen Geld Opfer dieser Meinungsmache werden können.

Zwischen 1997 und 2002 schwärmten Bänker und Börsianer, Politiker und Wissenschaftler von der sogenannten New Economy. Die Wirtschaftswissenschaft, vertreten durch das höchste Beratungsgremium, ist dem Glauben an die Neue Ökonomie ergeben erlegen. Ich zitiere aus dem Jahresgutachten 2000/01 des Sachverständigenrates zur Begutachtung der gesamtwirtschaftlichen Entwicklung. Auf Seite 127 heißt es dort in der Ordnungsziffer 198:

>>V. Hoffnungsträger Neue Ökonomie?

198. Mit der Neuen Ökonomie verbinden sich die Hoffnungen und Erwartungen, dass der Wachstumspfad des Produktionspotenzials als Folge permanent gestiegener Zuwachsraten der Produktivität dauerhaft höher liegen kann. Hierfür sorgen zum einen der technische Fortschritt im Bereich der Informations- und Kommunikationstechnologien (IuK-Technologien), zum anderen die Anwendung dieser neuen Technologien als Querschnittstechnologien in nahezu allen Bereichen der Wirtschaft und Arbeitswelt. ... Wenn diese Potenziale ausgeschöpft werden, dann kann es zu einem nachhaltigen Anstieg der Beschäftigung kommen.<<

Dieses Gutachten ist am 29. November 2000 veröffentlicht worden. Der Sachverständigenrat hat es am 10. November 2000 verabschiedet.

Im Vorwort heißt es, außer durch die fortschreitende Globalisierung werde die künftige gesamtwirtschaftliche Entwicklung durch die neuen Informations- und Kommunikationstechnologien merklich beeinflusst werden. Die Gesellschaft stelle sich bereits darauf ein, wie die lebhafte öffentliche Diskussion in diesem Jahr gezeigt habe. >>Wir haben daher der Neuen Ökonomie in diesem Jahresgutachten besondere Aufmerksamkeit gewidmet.<<

Parallel zu diesem propagierten Glauben an eine neue Ökonomie gab es zum besonderen Spaß auch etwas für die sogenannten Anleger: den Neuen Markt. Dazu zitiere ich ausnahmsweise von Wikipedia:

»Neuer Markt

Der Neue Markt war ein Segment der Deutschen Börse, das 1997 im Zuge der Euphorie um die New Economy nach dem Vorbild der amerikanischen Technologiebörse NASDAQ eingerichtet wurde. Als Aktienindex (Performanceindex) sollte er das Marktsegment der ›Neuen Technologien‹ widerspiegeln und jungen Unternehmen in sogenannten Zukunftsbranchen, wie Informationstechnik, Multimedia, Biotechnik und Telekommunikation sowie Erzeuger forschungsintensiver Produkte, eine Möglichkeit der Eigenkapitalfinanzierung über einen Börsengang bieten. …

Entwicklung des Neuen Marktes

Der Neue Markt verzeichnete in den Jahren 1997 bis 2000 ein rasantes Wachstum. Auf dem Höhepunkt waren mehr als 300 Unternehmen in diesem Segment gelistet.«[23]

Dann stürzten ab dem Jahr 2000 die Kurse ab. Am 5. Juni 2003 wurde der Neue Markt von der Deutschen Börse geschlossen. Der Spuk war zu Ende. Tausende von Anlegern waren im Zuge der angeheizten Euphorie eingestiegen und haben große Teile ihres kleinen Vermögens verloren. Auch das ist die Folge dieser gezielten Manipulation, der Verbreitung der Mär von der New Economy und dem Neuen Markt.

Konnte man das vorhersehen? Ja, wenn man kritisch hinterfragte. Wenn man zum Beispiel gelernt hat, dass an Aktienmärkten keine Werte geschaffen werden. Der damalige Bundeskanzler Schröder glaubte jedoch, es würden Werte geschaffen und vernichtet. Ich hatte damals eine Kolumne geschrieben mit der gegenteiligen These.[24] Daran erinnere ich mich deshalb noch so gut, weil mich deshalb ein Ingenieur aus Stuttgart per Leserbrief übel beschimpfte, ich würde den kleinen Anlegern ihren Gewinn nicht gönnen.

15. Von der Diffamierung der Pleite-Griechen zu den offenen Armen der deutschen Bundeskanzlerin

Die Griechen wurden wegen der Schwäche ihrer Volkswirtschaft, wegen ihrer hohen Staatsschulden und wegen großer Mängel in der Verwaltung von deutschen Medien und auch von deutschen Politikerinnen und Politikern in den Jahren der Finanzkrise übel geschmäht.

»Verkauft doch eure Inseln, ihr Pleite-Griechen… und die Akropolis gleich mit!« So tönte die *Bild*-Zeitung am 27. Oktober 2010 und die Bundesregierung unterstützte de facto die angelaufene Kampagne deutscher Medien gegen Griechenland. Die Troika und die Bundesregierung haben dem Land Sparprogramme aufgezwungen und die Privatisierung wichtigen öffentlichen Eigentums durchgesetzt. Die Löhne und Einkommen sanken, die Renten sanken, kleine Unternehmen wurden insolvent, weil der Staat seine Rechnungen nicht mehr bezahlen konnte, Arbeitslosigkeit und Jugendarbeitslosigkeit stiegen. Jeder zweite Jugendliche war arbeitslos. Heute, im Jahre 2019 sind es noch 39,6 Prozent, in Spanien übrigens noch 32,4 und in Italien 28,1 Prozent. Das ist das Ergebnis nicht nur der Finanzkrise, sondern auch der deutschen Politik von Angela Merkel und Wolfgang Schäuble.

Deutsche Medien behandelten die Griechen, als wären es nicht Freunde, sondern Gegner und als seien sie die letzten Deppen an der Südostecke Europas. Deutschland wie auch andere europäische Staaten und die Troika missachteten das Ergebnis von Wahlen und eines Referendums.

Das Image Deutschlands und auch der führenden Personen, insbesondere des Bundesfinanzministers und der Bundeskanzlerin war in Griechenland wie auch in anderen südlichen Staaten Europas ausgesprochen schlecht geworden. Dann standen 2015 scheinbar plötzlich Hunderttausende von Flüchtlingen vor den Toren Mitteleuropas. Angela Merkel erkannte, dass diese Notlage eine gute Gelegenheit zur Imagekorrektur darstellte – und hieß die Flüchtlinge willkommen. Wir schaffen das, meinte sie. Nur wenige erkannten den Zusammenhang zwischen schlechtem Image und der neuen großzügigen Geste der deutschen Bundeskanzlerin. Die Mehrheit hält die Geste wohl für glaubwürdig, ich nicht. Ich halte die offenen Arme für einen strategisch ausgedachten PR-Coup. Aber darüber muss man wohl streiten; jedenfalls gibt es in dieser Sache viel zu recherchieren, viel zu prüfen und zu hinterfragen.

16. Wie Spitzenkandidaten rauf- und runtergeschrieben werden

Das Spiel wird immer wieder neu gespielt: 1994 mit Rudolf Scharping, in gewissem Maße dann 2009 und 2013 mit den weit überschätzten Steinmeiers und Steinbrücks, und dann mit Martin Schulz. Anfang 2017 wurde er von den Medien in den Himmel gehoben und kurze Zeit später fallen gelassen. Jedenfalls reichte die Luft nicht bis zum Wahltermin im September 2017. Bei rationaler Überlegung hätte bei Martin Schulz von vornherein schon klar sein müssen, dass seine Kandidatur eine Eintagsfliege wird. Es wurde die Qualität nicht geprüft, es wurde die Ausstrahlung nicht geprüft, es wurde nicht geprüft, ob er fähig ist, Menschen zu mobilisieren. Alleine die Medien bestätigten erst die Qualität und dann seine mangelnde Qualität.

Bei Rudolf Scharping dauerte die Kampagne rauf und runter nur einen Herbst und Winter lang. 1993 wurde er zum hoffnungsvollen Kanzlerkandidaten gegen Kohl

hoch geschrieben.
Dann verwechselte
er brutto und netto,
eigentlich eine lässli-
che Sünde, und war
dann im Frühjahr
des Wahljahres 1994
schon erledigt.

Der mediale Um-
gang mit dem Ju-
so-Vorsitzenden Ke-
vin Kühnert ist fast
schon lustig. Der
Spiegel hat ihn an
Pfingsten 2019 über
sieben Seiten hinweg
hochgejubelt, um so

Spiegel-Cover mit Martin Schulz als
»Sankt Martin«.

die Wahl zum SPD-Vorsitzenden mitzubestimmen. Was dem
Kandidaten schaden könnte, wurde unter ferner liefen berichtet, dass er zum Beispiel keine abgeschlossene Ausbil-
dung hat oder dass er vor seinem Job in der Politik noch nie
eine andere Aufgabe im Leben wahrgenommen hat. Seine
angeblichen Leistungen wurden nur behauptet, ohne Beleg,
unentwegt und durch Wiederholung. Eine billige Methode,
die unter Journalisten üblich ist, ist in der Titelgeschichte
des *Spiegel* vom 10. Juni 2019 eindrucksvoll dokumentiert.
Man zitiert eine Quelle, nennt aber keinen Namen. Das
Zitat kann also auch eine reine passende Erfindung sein. –
Achten Sie drauf. Es wird oft so verfahren. Viele Artikel von
Zeitungen strotzen von Zitaten, deren Absender nicht genannt sind. Hinterfrage alles, glaube wenig.

Dem Juso-Vorsitzenden wird auch nicht angekreidet, dass
seine Kampagne gegen die Große Koalition ohne rationale

Basis ist. Eine reine Stimmungsmache. Sie ist inzwischen so dominant, dass man sich entschuldigen muss, wenn man meint, die erste Große Koalition – 1966-1969 – sei sehr erfolgreich gewesen und auch der Einstieg in die Kanzlerschaft. Es wird auch gar nicht mehr überlegt, wie die Konstellation heute sein könnte. Parolen, Kampagnen beherrschen das Geschehen und somit auch die politischen Entscheidungen.

Die SPD ist heute über weite Strecken fremdbestimmt. Weil es öffentlich und von den Grünen abgeguckt als attraktiv dargestellt wird, giert man bei der Entscheidung über den Vorsitz bzw. die Vorsitzenden nach einer Doppelpack-Lösung. Die Ratio spielt da offensichtlich keine Rolle mehr. Die Frage, wie attraktiv eine solche Doppelspitze ist und wie das vom Leben in der Partei her möglich sein soll, wird nicht durchdacht. Die Lösung ist vom allgemeinen Medienempfinden übernommen.

Diese Einschätzung gilt noch viel mehr für die Planung, die Mitglieder über die Parteispitze, also über Personen für den Vorsitz entscheiden zu lassen. Das ist ein grotesker Plan. Aus mindestens zwei Gründen: Erstens sind die Mitglieder der SPD ganz genauso der Meinungsmache von außen ausgesetzt, wie wir alle auch. Wenn sich die *Bild*-Zeitung und die Tagesschau darauf verständigen, zum Beispiel den Bundesfinanzminister Olaf Scholz zum Vorsitzenden der SPD machen zu wollen, dann schaffen sie das wahrscheinlich. Weil sie die mediale Kraft haben, die Meinung der Mehrheit zu bestimmen. Das haben wir doch alle schon erlebt. Die Agenda 2010 ist 2003 nach meiner Erinnerung auch durch ein Mitgliedervotum abgesichert worden. Zweitens und das ist nun eher eine sarkastische Bemerkung: viele engagierte SPD-Mitglieder haben die SPD verlassen. Sie taten das oft auch deshalb, weil sich die SPD programmatisch bis zur

Nicht-Wiedererkennung angepasst hat. Bei der Wahl des Vorsitzenden müsste man auf diese ehemaligen Mitglieder Rücksicht nehmen. Denn diese will man mit dem neuen Vorsitzenden oder der neuen Vorsitzenden zumindest als Wähler wiedergewinnen. – Allerdings muss ich eingestehen, dass man von Gremien und sorgfältig ausgesuchten Delegierten von Parteitagen möglicherweise auch keine klügere Entscheidung erhält als von den noch vorhandenen Mitgliedern.

Fremdbestimmt ist auch die programmatische Debatte, soweit es sie überhaupt noch gibt.

Also, wer selbst denken will, muss im Blick auf dieses parteipolitische Geschehen ausgesprochen skeptisch sein und viel eigene analytische Kraft einbringen. Soweit das überhaupt noch interessiert.

V.
Zum Augen öffnen gehören mindestens zwei – das ist produktiv und macht mehr Spaß

Mit dem Wissen wächst der Zweifel – dieses Goethe-Wort trifft wohl auch die Stimmung vieler Leserinnen und Leser, wenn sie die Methoden der Manipulation und einschlägige Fälle für Meinungsmache und die dahintersteckenden Strategien gelesen haben.

Es befallen uns Zweifel an der Vernunft vieler Entscheidungen.

Es befallen uns Zweifel daran, dass auch nur einigermaßen funktioniert, was wir Demokratie nennen.

Es befallen uns Zweifel an Menschen, die unser Denken bestimmen und damit ihre Interessen bedienen wollen.

Wir zweifeln an der Vernunft des Zweifelns.

Viele Menschen tun das inzwischen und passen sich an. Sie wollen lieber dazugehören, als kritisch zu hinterfragen. Das ist angesichts der Gewalt der Manipulation und Irreführung und der fühlbaren Ohnmacht verständlich. Aber auf diesen Rückzug ins Private und ins Milieu der Entmutigten können wir uns nicht einlassen. Das wird eindringlich sichtbar, wenn wir an die lebenswichtige Frage von Krieg und Frieden denken. Wir können es aus eigenem Überlebensinteresse nicht hinnehmen, den neuen Feindbildaufbau in Europa unwidersprochen zu akzeptieren. Schon dieses eine Motiv reicht, sich nicht darauf einzulassen, auch wenn ganz sympathische gebildete Menschen sich entschieden haben, dazu gehören zu wollen und nicht mehr zu widersprechen. Wir müssen zweifeln und widersprechen.

Das wird leichter, wenn wir uns mit anderen verbinden. Wenn wir ein eigenes Milieu einer lebendigen Gegenöffentlichkeit schaffen, wenn wir uns austauschen, wenn wir kommunizieren. Wenn Sie Freunde, Gesprächspartner in der Familie oder Kolleginnen und Kollegen haben, die auch daran interessiert sind, ihren Kopf vom Zugriff Dritter zu befreien, dann ist es sinnvoll, sich regelmäßig auszutauschen. Man entdeckt mehr, man versteht mehr, man kann zweifelhafte Vorgänge leichter einordnen. Und das Gespräch über die ständigen Manipulationen bereitet häufig auch noch Vergnügen. Jedenfalls ist es interessant. Und der Ärger über die oft erkennbare Manipulationsabsicht ist leichter runterzuschlucken, wenn man die Vorgänge besprechen kann.

Oft braucht man die Kenntnisse von Fakten und Daten, um eine Manipulation oder eine Strategie der Meinungsmache zu erkennen. Das nötige Wissen hat man nicht immer selbst parat, die Gesprächspartner aber schon, da sie sich für andere Schwerpunkte interessieren oder einer anderen Generation angehören. Das entspricht der Lebenserfahrung. Gespräch und Zusammenarbeit bringen mehr, als man alleine erforschen und erarbeiten kann.

Hier ist ein praktisches Beispiel aus der *Bild*-Zeitung: »DER ROT-ROT-GRÜNE SENAT RUINIERT DIE HAUPTSTADT – Berlin braucht einen Mieten-Deckel«

Diese Polemik zielt auf den im Sommer 2019 ins Gespräch gebrachten Mieten-Deckel. Es gibt wenige Fachleute zur Beurteilung des Vorgangs. Das Gespräch im Kreis der Zweifler hilft in der Regel.

Und hier ein praktisches Beispiel aus der Wochenzeitung *Die Zeit*: Dort war am 3. Juli 2019 unter der Überschrift »Putins Brüder« in einem Artikel von Alice Bota zu lesen,

Russlands Präsident habe den Liberalismus für überholt erklärt. Und dann kam die übliche Leier über die angebliche Zusammenarbeit mit der Rechten in Europa. Alleine blickt man da kaum noch durch. Im Gespräch mit anderen kritischen Geistern schon eher.

Im Deutschlandfunk sind vermutlich täglich verschachtelte Abfolgen von Manipulationen zu hören. Dieses Gesamtkunstwerk durchschaut man alleine schwerer als mit anderen, die auf dem Weg zur Arbeit oder von der Arbeit diesen Sender eingeschaltet haben und sich in der Regel ärgern. Dieser Ärger lässt sich leichter ertragen, wenn man sich darüber austauscht. Außerdem kann man sich gegenseitig sehr viel besser aufklären über einschlägig bekannt gewordene Autoren. Das gilt nicht nur für den Deutschlandfunk. Es gibt ein ganzes Netz von Journalistinnen und Journalisten, die sich in Kampagnen einbauen lassen. Man kann sie sich gar nicht alle merken. Schon deshalb ist der Austausch mit anderen Beobachtern der Szene hilfreich.

Manche Meinungsmache fällt einem alleine gar nicht auf oder nur per Zufall. Ich möchte das am Beispiel des berühmten Videos von Rezo und eines nachfolgenden Interviews sichtbar machen. Vorweg muss ich und will ich betonen, dass das Video des YouTubers Rezo eine große Leistung war und dass ich das unumwunden auch so sehe. Er hat zusammen mit der Bewegung Fridays for Future das Bewusstsein für die Gefahren des Klimawandels und die Einsicht in die Notwendigkeit, etwas dagegen zu tun, einen großen Schritt vorangebracht.

Die im Video enthaltene seltsame Meinungsmache entdeckte ich nur aufgrund des Hinweises eines NachDenkSeiten-Lesers. Mir war beim Sehen und Hören des 55-minütigen Video zwar aufgefallen, dass Rezo auch den Skandal des Drohneneinsatzes mithilfe der Relaisstation Ramstein aufgespießt hat und auch die Lagerung und Modernisierung von US-Atomwaffen in Deutschland sowie die Untätigkeit der Bundesregierung. Aber, und auch das war aufgefallen, die neue Konfrontation mit Russland (und China) und die Gefahr eines Krieges hat er nicht thematisiert.

Nun kann man sagen und dies mit Recht, dass Rezo nicht alle Themen ansprechen konnte. Aber: Die Gefahr der neuen Konfrontation in Europa ist real und auch die Kriegsgefahr ist real. Schon zweimal nach dem Zweiten Weltkrieg wäre fast ein Atomkrieg ausgelöst worden. Außerdem wissen wir, dass sich die USA und die NATO mithilfe von Manövern und Kriegsertüchtigung der Infrastruktur insbesondere in Deutschland auf eine solche militärische Auseinandersetzung vorbereiten. Hinzu kommt, dass US-Militärs schon offen von ihrer Kriegsbereitschaft gesprochen haben.[1]

Weil ich die Kriegsgefahr für real halte und weil ein Atomkrieg in Europa so schlimme Folgen hätte wie der Klimawandel, hat mich diese Lücke bei Rezo irritiert. Aber ich hatte keine Anhaltspunkte, dass es diese Lücke bewusst gibt. Darauf wurde ich durch den Hinweis des erwähnten NachDenkSeiten-Lesers auf ein Interview von *Bento* mit Rezo aufmerksam gemacht. Das Interview insgesamt war aufschlussreich und sympathisch. Aber dann kam folgende Passage:

»(*Bento:*) Es stimmt, Wissenschaftler fordern mehr Radikalität beim Klimaschutz. Die findet man aber nur bei wenigen Parteien. Gerade, weil dein Video auch andere Themen anspricht: Wäre da nicht etwas mehr Raum für Zweifel und Differenzierung angemessen?

(Rezo:) Ich beziehe die Wahlempfehlung klar auf die Klimapolitik der Parteien. Wenn ich jetzt nur über die amerikanischen Atomwaffen in Deutschland gesprochen hätte, wäre ich vorsichtiger gewesen. Ich finde das zwar nicht gut, es gibt aber Argumente für die Gegenseite. Die Klimakrise ist aber so bedrohlich, dass es hier keine zwei Meinungen mehr geben kann, dass eine drastische Änderung notwendig ist.«[2]

Wenn Rezo (nur) über Atomwaffen gesprochen hätte, dann wäre er vorsichtiger gewesen, weil es Argumente für die Gegenseite gäbe. Die Klimakrise sei aber so bedrohlich, dass es hier keine zwei Meinungen geben könne. Was heißt das denn? Heißt das, dass ein potenzieller Atomkrieg nicht bedrohlich ist? Heißt das, dass man, weil es Argumente der Befürworter der Lagerung und Modernisierung von amerikanischen Atomwaffen in Deutschland gibt, dieses Thema bei der Wahlempfehlung außen vor lassen kann? Das halte ich für ausgesprochen leichtfertig.

Rezo hält also den Klimawandel für bedrohlich – das sehe ich auch so –, aber er hält einen durchaus möglichen Atomkrieg (oder auch nur konventionellen Krieg in Europa) nicht für so bedrohlich.

Ich habe Ende Mai 2019 mehrere Gesprächspartner auf dieses Zitat aufmerksam gemacht. Sie waren ähnlich irritiert wie ich. Rezo als Förderer der Olivgrünen. Das wäre schade.

Auf so etwas kommt man in der Regel nur im Gespräch oder durch Tipps von Dritten. Deshalb die Anregung, sich auszutauschen. Deshalb auch ist es sinnvoll, dieses Buch an Ihre möglichen Gesprächspartner auszuleihen oder es ihnen beim nächsten Geburtstag auf den Gabentisch zu legen.

Anmerkungen

II. Das Umfeld, in dem wir versuchen, die Freiheit unserer Gedanken zu erkämpfen und zu erhalten

1 Ein guter Bericht über einen Einzelfall findet sich hier: »Influencer ist ein Beruf wie jeder andere auch!« Online unter: https://orange.handelsblatt.com/artikel/52108.

2 Donath, Klaus-Helge: »Siegesfeiern in Moskau. Paranoider Gedenkkult. Einst Gedenkfeier, heute ideologische Stütze: Präsident Wladimir Putin nutzt den ›Tag des Sieges‹ zusehends für seine Politik der Isolation.« Online unter: https://taz.de/Kommentar-Siegesfeiern-in-Moskau/!5590064/.

3 Roth, Johanna: »Rentner, gebt das Wahlrecht ab! Und den Führerschein gleich mit. Denn für beides gilt: Die Alten gefährden die Jungen. Was wir brauchen, ist eine Epistokratie der Jugend.« Online unter: https://taz.de/Kolumne-Der-rote-Faden/!5597166/.

4 Sorg, Anette: »Lieber dazugehören, als aufgeklärt sein«, online unter: https://www.nachdenkseiten.de/?p=51326.

5 Online unter: https://www.pressemitteilung-ots.de/ueberuns/.

6 ZDF: Die Anstalt vom 29. April 2014, online unter: https://www.youtube.com/watch?v=-NABdIPFvls, Minute 36:10.

III. Methoden der Manipulation

1 Online unter: https://www.bmfsfj.de/gute-kita-gesetz.

2 Klein, Naomi: *Die Schock-Strategie. Aufstieg des Katastrophen-Kapitalismus*. Frankfurt am Main 2007. Siehe dort das Kapitel »Scheiterhaufen einer jungen Demokratie.«

3 https://www.bundestag.de/parlament/geschichte/gastredner/putin/putin-196934.

4 Der Beschluss des Deutschen Bundestags online unter: https://dip21.bundestag.de/dip21/btd/18/068/1806866.pdf. Hier ein Bericht von NTV: https://www.n-tv.de/mediathek/videos/politik/

Bundestag-gibt-gruenes-Licht-fuer-Syrien-Einsatz-der-Bundeswehr-article16500591.html. Offiziell gilt der Beschluss dem Einsatz gegen den Islamischen Staat (IS). Tatsächlich ist die Luftwaffe in ihrer Beobachtungsmission auch fähig, zu beobachten, was zum Beispiel das syrische Militär und Russland auf Einladung Syriens im dortigen Land machen.

5 Zur Rolle der USA im Syrien-Krieg gibt es einen aufschlussreichen Text von Robert Kennedy junior.

6 Siehe seine Rede in Finnland vom 16. Juni 2019 online unter: http://www.bundespraesident.de/SharedDocs/Reden/DE/Frank-Walter-Steinmeier/Reden/2019/06/190616-Finnland-Kultaranta-Gespraeche.html.

7 Maroldt, Lorenz: »Schulden ohne Sühne. 15 Jahre Währungsunion: Wie sich westdeutsche Banken auf unsere Kosten an fiktiven DDR-Krediten bereicherten.« Online unter: https://www.tagesspiegel.de/meinung/schulden-ohne-suehne/620948.html.

8 Siehe dazu Ulrike Herrmanns neues Buch *Deutschland, ein Wirtschaftsmärchen. Warum es kein Wunder ist, dass wir reich geworden sind,* Frankfurt 2019.

9 Ganser, Daniele: *Nato-Geheimarmeen in Europa. Inszenierter Terror und verdeckte Kriegsführung*, 2009.

10 Siehe hier: https://www.matrixwissen.de/index.php?option=com_content&view=article&id=231:natos-secret-armies-operation-gladio&catid=140:terror-unter-falscher-flagge&Itemid=120&lang=de.

11 Siehe hier ein Bericht von *Panorama:* »USA führen Drohnenkrieg von Deutschland. Online unter: https://daserste.ndr.de/panorama/aktuell/USA-fuehren-Drohnenkrieg-von-Deutschland-aus,ramstein146.html und bei der Deutschen Welle »Politikum Ramstein – die US-Militärbasis und die Drohnen. Online unter: https://www.dw.com/de/politikum-ramstein-die-us-milit ProzentC3 ProzentA4rbasis-und-die-drohnen/a-47909599.

12 Pergande, Frank: »So gut stehen die Chancen für Kevin Kühnert«, online unter: https://www.faz.net/aktuell/politik/inland/spd-vorsitz-gute-chancen-fuer-kevin-kuehnert-16260913.html.

13 Hemicker, Lorenz: »Rüstungsausgaben steigen weiter«, online unter: https://www.faz.net/aktuell/politik/sicherheitskonferenz/iiss-bericht-ruestungsausgaben-steigen-weiter-16043344.html.

14 »15. Juni 2008 – Vor 25 Jahren: Heiner Geißler hälft ›Skandalrede‹ im Bundestag«, online unter: https://www1.wdr.de/stichtag/stichtag3566.html.

15 In diesem *Spiegel*-Artikel von Markus Deggerich »SPD folgt Gerhard Schröder der Sieg des Spielers« wird die Szene gut geschildert. Onliner unter: https://www.spiegel.de/politik/deutschland/spd-folgt-gerhard-schroeder-der-sieg-des-spielers-a-251167.html.

16 Falls Sie sich noch ausführlicher über die Methode »Botschaften aus verschiedenen Ecken aussenden« informieren wollen, dazu gibt es ein Video: https://www.youtube.com/watch?v=vZpBV9ELrEg&feature=youtu.be.

17 Online unter: http://mediathek.daserste.de/Presseclub/Eskalation-am-Golf-Gef ProzentC3 ProzentA4hrdet-Trump-den-/Video?bcastId=311790&documentId=64153154.

18 Die Ankündigung für diese Sendung findet sich online unter: https://programm.ard.de/TV/Programm/Sender/?sendung=281065971580413.

19 Schwarz, Manfred: »Mordtat Frankfurt: Groteske Erklärungen in Medien und Politik2, online unter: https://www.tichyseinblick.de/daili-es-sentials/frankfurt-groteske-erklaerungen-in-medien-und-politik.

20 Gathman, Florian: »Guck trifft Merkels schwächsten Punkt«, online unter: https://www.spiegel.de/politik/deutschland/kritik-von-bundespraesident-gauck-trifft-merkels-schwachen-punkt-a-843244-druck.html.

21 Ein gutes Beispiel ist die Stiftung für die Rechte zukünftiger Generationen. Eine kritische Darstellung findet sich hier: https://lobbypedia.de/wiki/Stiftung_f ProzentC3 ProzentBCr_die_Rechte_zuk ProzentC3 ProzentBCnftiger_Generationen . Im wissenschaftlichen Beirat sind bekannte Lobbyisten der Privatisierung der Altersvorsorge vertreten gewesen.

22 Berger, Jens: »Avaaz startet eine Schmierenkampagne und macht sich damit selbst lächerlich« online unter: https://www.nachdenkseiten.de/?p=45101 .

23 Müller, Albrecht: »Ist Campact zu trauen? M. E. nicht. Machen sie Ihre eigene Prüfung und – wenn möglich – Recherche.« Online unter: https://www.nachdenkseiten.de/?p=35390.

24 Lehming, Malte: »Die Internationale der Illiberalen«, online unter: https://www.tagesspiegel.de/politik/trump-modi-putin-erdogan-und-co-die-internationale-der-illiberalen/24379100.html.

25 Kuhn, Johannes: »Fürchtet euch!« Online unter: https://www.sueddeutsche.de/leben/sack-reis-fuerchtet-euch-1.3254095.

26 »Demokratie – Präsidenten ihrer Anhänger«, online unter: https://www.sueddeutsche.de/politik/demokratie-praesidenten-ihrer-anhaenger-1.4026160.

27 Hilger, Maternus: »Trump, Putin, Erdogan und Co. Wie gefährlich ist die Lust auf ›starke‹ Männer?« online unter. https://www.mopo.de/news/politik-wirtschaft/trump--putin--erdogan-und-co--wie-gefaehrlich-ist-die-lust-auf--starke--maenner--32809268.

28 Online unter: https://www.dw.com/en/opinion-strongmen-with-weak-economies/a-48568862.

29 Schmid, Thomas: »Die autoritäre Versuchung unserer Zeit«, online unter: https://www.welt.de/debatte/kommentare/plus182002038/Putin-Erdogan-Trump-Was-die-Autokraten-so-gefaehrlich-macht.html.

30 Esch, Chrsitian, Maximilian Popp, Jan Puhl, Tobias Rapp, Christoph Scheuermann, Bernhard Zand: »Putin, Trump, Xi, Erdogan – Ich bin das Volk«, online unter: *https://www.spiegel.de/plus/xi-jinping-wladimir-putin-donald-trump-erdogan-ich-bin-das-volk-a-00000000-0002-0001-0000-000157769149.*

31 »US-Präsident soll mehrfach Nato-Austritt erwogen haben«, online unter: https://www.spiegel.de/politik/ausland/donald-trump-soll-mehrfach-nato-austritt-erwogen-haben-a-1248196.html.

IV. Fälle von Meinungsmache und die dahintersteckenden Strategien der Meinungsmache

1 https://www.deutschlandfunkkultur.de/wir-sind-ein-volk.1001.de.html?dram:article_id=155887.

2 Online unter: http://www.runde-ecke-leipzig.de/sammlung/index.php?inv=17880

3 Müller, Albrecht: *Mut zur Wende*, erschienen 1997 im Aufbau Verlag, Seiten 93-100.//,

4 Müller, Albrecht: »Angriff ist die beste Verteidigung, glaubt der frühere Sozialminister und Namensgeber der Riester-Rente«, online unter: https://www.nachdenkseiten.de/wp-print.php?p=33118.

5 Müller, Albrecht: »Die Honoratioren der Wirtschaft sitzen im Aufsichtsrat und Beraterkreis. Was haben sie da getan?« https://www.nachdenkseiten.de/?p=2525

6 Online unter: http://www.bpb.de/geschichte/zeitgeschichte/deutschland-chronik/131933/24-oktober-1969.

7 Online unter: http://www.bpb.de/nachschlagen/zahlen-und-fakten/globalisierung/52842/aussenhandel.

8 »Von der Leyen fordert ›Position der Stärke‹ gegenüber Russland«, online unter: https://www.merkur.de/politik/nato-gipfel-leyen-fordert-konsequente-haltung-gegenueber-russland-zr-6553700.html.

9 Herausgeber: Jörg Richter. Erster Beitrag im Buch: »Wir sind noch einmal davongekommen« von Albrecht Müller.

10 Online unter: https://www.lerntippsammlung.de/Steinschen-Reformen.html.

11 Zundel, Rolf: »Tendenzwende – mehr als Einbildung«, online unter: https://www.zeit.de/1974/51/tendenzwende-mehr-als-einbildung/komplettansicht.

12 Online unter: https://www.destatis.de/DE/Themen/Wirtschaft/Volkswirtschaftliche-Gesamtrechnungen-Inlandsprodukt/Tabellen/inlandsprodukt-volkseinkommen1925-pdf.pdf?__blob=publicationFile&v=5

13 Siehe dazu einen Artikel der *Zeit* von 1987: »1977 wurde das bis 1980 gültige Zukunftsinvestitionsprogramm (Zip) mit einem Volumen von sechzehn Milliarden Mark aufgelegt. Es förderte primär öffentliche Infrastrukturinvestitionen und trug sicher entscheidend dazu bei, daß zwischen 1977 und 1979 die Zahl der Arbeitslosen von 1,03 Millionen auf 876 000 sank. Das Zip gilt bei vielen Experten als Beispiel für eine gelungene mittelfristig angelegte Politik zur Reduzierung der Arbeitslosigkeit.« Online unter: https://www.zeit.de/1987/50/arbeit-fuer-alle/komplettansicht.

14 Dazu ein interessanter Artikel aus der *Zeit*: von Heusinger, Robert: »Nie wieder 1992« https://blog.zeit.de/herdentrieb/2010/03/12/nie-wieder-1992_1536.

15 Dass ich in diesem Zusammenhang auf die von mir herausgegebene kritische Webseite www.nachdenkseiten.de und auf einschlägige Bücher hinweise, dürfte verständlich sein. Insbesondere das 2004 erschienene Buch *Die Reformlüge – 40*

Denkfehler, Mythen und Legenden und das 2009 erschienene Buch *Meinungsmache. Wie Wirtschaft, Politik und Medien uns das Denken abgewöhnen wollen* können helfen, die wichtigsten Denkfehler und wichtige ökonomische und gesellschaftliche Zusammenhänge kennen zu lernen.

16 Müller, Albrecht: »Der Soziologe Wolfgang Streeck war ein durchsetzungsfähiger Wissenschaftler. Aber die ihn heute lobend zitieren, wissen offensichtlich nicht, für was er Pate gestanden hat: für die Agenda 2010.« Online unter: https://www.nachdenkseiten. de/?p=17173.

17 Streeck, Wolfang und Rolf Heinze: »An Arbeit fehlt es nicht«, online unter: https://www.spiegel.de/spiegel/print/d-13220370.html.

18 Online unter: https://www.spiegel.de/spiegel/print/d-26024566. html.

19 Interview mit Wendelin Wiedeking: »Der Lockruf des großen Geldes«, online unter: https://www.spiegel.de/spiegel/ print/d-22644273.html.

20 Amann, Melanie und Florian Gathmann: »CDU-Mitglieder sehen sich rechts von ihrer Partei«, online unter: https://www.spiegel. de/politik/deutschland/studie-der-adenauer-stiftung-cdu-mitgliedern-ist-ihre-partei-zu-links-a-1184073.html.

21 Wolffsohn, Michael: »Die Sozialdemokratie hat ihre Aufgabe erfüllt. – Ein Nachruf auf die SPD«, online unter: https://www. nzz.ch/feuilleton/aufgabe-erfuellt-ein-nachruf-auf-die-spd-ld.1491466.

22 Schmidt, Helmut: »Plädoyer für einen fernseherfreien Tag. Ein Anstoß für mehr Miteinander in unserer Gesellschaft.« Online unter: https://www.zeit.de/1978/22/Plaedoyer-fuer-einen-fernsehfreien-Tag //

23 Online unter: https://de.m.wikipedia.org/wiki/Neuer_Markt.

24 Müller, Albrecht: »Luftbuchungen. Wie wenig steigende Aktienkurse über den Wohlstand eines Volkes aussagen.« In: *Vorwärts* Medienkritik 10/99

V. Zum Augen öffnen gehören mindestens zwei – das ist produktiv und macht mehr Spaß

1 »China und Russland im Fokus. Pentagon will US-Armee ›kriegsbereit‹ machen.« Online unter: https://www.t-online.de/

nachrichten/ausland/usa/id_83080766/verteidigungsstrategie-usa-wollen-fuer-kriege-gegen-russland-und-china-ruesten.html.

2 Von Eisenhart Rothe, Yannick: »YouTuber REzo im Interview«, online unter: https://www.bento.de/nachhaltigkeit/youtuber-rezo-im-interview-ich-sage-nicht-dass-die-komplette-verantwortung-fuer-alle-probleme-bei-der-cdu-liegt-a-c842dada-fc71-49b0-9bf8-d654fe4dce37.